AF493346

TODO ES POSIBLE

Del colapso sistémico a soluciones sistémicas

Carlos A. González-Carrasco

EDIQUID

TODO ES POSIBLE
Del colapso sistémico a soluciones sistémicas
© Carlos A. González-Carrasco

Editado por: Grupo Ígneo S.A.C.
para su sello editorial Ediquid

ISBN: 978-980-436-004-6
Depósito legal: DC2020001454

www.grupoigneo.com
Correo electrónico: contacto@grupoigneo.com
Facebook: Grupo Ígneo | Twitter: @editorialigneo | Instagram: @grupoigneo

Diseño de portada: Oriana Vargas
Diagramación: Dianora Gómez Nessi

Colección: Integrales

DEDICATORIA

Este libro está dedicado

A mi hija Isabella P. Bremmers-Carrasco

A los jóvenes y mujeres chilenas

A los jóvenes y mujeres peruanas

A los jóvenes y mujeres del mundo

Son una nueva generación sin fantasmas

Quienes no tienen nada que perder

Quienes se saltaron los torniquetes

Quienes se tomaron las calles

Quienes ocuparon el espacio virtual

Quienes no callarán y seguirán luchando

Nadie podrá romper sus aspiraciones y sus sueños

Nuestra juventud no puede ser

una generación desechable

CONTENIDO

1
INTRODUCCIÓN

En el siglo XXI, estamos en un intenso proceso de transición irreversible del colapso sistémico del pensamiento y las prácticas del poder binario patriarcal, hacia un nuevo proceso de profundas transformaciones socioculturales que buscan la calidad y armonía en la vida, en la coexistencia humana y con nuestro planeta.

González-Carrasco, C (2020)

Siempre emerge un nuevo despertar y siempre habrá un nuevo futuro. El desafío en el siglo XXI es saber cómo responder a las preguntas ¿cuál es el futuro que emerge? ¿De quiénes? ¿Por quiénes? ¿Para quiénes?

González-Carrasco, C (2020)

Stephen Hawking en su último libro *Respuesta cortas a grandes preguntas* (2020) hace la pregunta «¿por qué deberíamos hacernos grandes preguntas?» y responde **«la humanidad siempre quiere respuestas a grandes preguntas»**.

Por ejemplo, ¿por qué la humanidad ha sido degradada, monetizada, deshumanizada? ¿Qué tipo de pensamiento y prácticas humanas propician que se organicen, planifiquen y ejecuten guerras, donde los seres humanos practiquen la violencia, la brutalidad, el terror, el horror, la crueldad? ¿Cómo ha sido posible la degradación y destrucción de nuestro planeta? ¿Por qué tantas desigualdades, pobreza, injusticias, corrupción, impunidad, abusos? ¿Por qué tanto odio, confrontación, polarización e intolerancia? ¿Vivimos en un sistema de simulación de la vida? ¿Está la humanidad experimentando un proceso de colapso sistémico de la civilización patriarcal binaria? ¿Está la especie humana en un camino hacia la extinción? ¿Es el objetivo de las transformaciones científicas y tecnológicas implantar nuevas dictaduras y una nueva esclavitud digital? ¿Está surgiendo un nuevo despertar de la humanidad, un nuevo futuro? ¿Se pueden generar las condiciones y soluciones ecosistémicas para que en el siglo XXI desarrollemos sociedades de colaboración, de cooperación y de coevolución? ¿Será 2021 el año de la pandemia, de la desobediencia social, de rebelión y profundas transformaciones socioculturales?

En 2008, los bancos centrales a través de los gobiernos nacionales rescataron a las oligarquías financieras y monetarias, los bancos privados y las corporaciones globales, de su inminente debacle. Fue un rescate financiero a un sistema insostenible, falso, corrupto y manipulado, que ha estado pasando de manera permanente de una crisis a otra.

Los bancos centrales, a través de la política de «flexibilización cuantitativa», imprimieron cantidades inimaginables de dinero para cubrir una deuda privada impagable de los bancos y del sector financiero. El año 2008 representó simbólicamente el colapso sistémico de la economía mundial.

Desde ese año, las oligarquías modernas que operan en el sistema monetario y financiero se han ***desacoplado*** del capitalismo tradicional industrial, se ha separado de la economía tradicional, que comúnmente se define como la economía real.

La economía real privilegia al sector industrial como centro de la actividad económica, sin embargo, el sector financiero y monetario con el uso de las nuevas tecnologías ha dejado atrás el capitalismo tradicional y en el siglo XXI estamos en un nuevo ciclo, el ciclo del postcapitalismo.

Todo el sistema económico se encuentra en un estado de fragilidad endémica, en un colapso sistémico. Vivimos en un sistema insostenible, donde la experiencia ciudadana de diez años de austeridad entre 2008-2019 conduzco a amplios y diversos sectores sociales en diferentes partes del mundo a manifestarse en procesos locales de convulsiones sociales decisivas y masivas, lo que resultó en grandes manifestaciones de descontento social, resistencia generalizada y ruptura social contra el sistema de dominación patriarcal imperante desde hace más de 6000 años.

En este contexto, la COVID-19 irrumpió en el escenario mundial con consecuencias catastróficas para la humanidad, surgiendo en el preciso momento histórico en el que el sistema de dominación parecía morir, en los momentos más extremos del calentamiento global y la intensificación de la degradación de la tierra.

En 2020, el foco de la situación geopolítica mundial se desplazó hacia la tragedia de la pandemia de la COVID-19. A partir de marzo de 2020, la actividad de la desobediencia social contra el sistema global se ha paralizado temporalmente. La COVID-19 conlleva una espiral incremental de muertes que en 2020 llegará a los dos millones de seres humanos. Esta enfermedad ha dejado al descubierto las profundas y grandes desigualdades, el colapso del sistema económico, donde el 1 % y los oligarcas han sido rescatados económicamente por sus gobiernos (bancos centrales). El año 2020 ha sido el de la transición a la verdadera pandemia del año 2021.

Durante 2020, la mayoría de los gobiernos en diferentes regiones del mundo (con la excepción de muy pocos como es el caso de Nueva Zelanda, Suecia, Noruega, Dinamarca) han adoptado medidas antidemocráticas, dictatoriales y autoritarias.

Muchos gobiernos en el mundo han utilizado la COVID-19 como la principal excusa para financiar la compra de equipos y logística sofisticados de represión y han desplegado las más modernas tecnologías de vigilancia digital y control social para proteger los intereses de las élites gobernantes.

En 2021, los ciudadanos estarán excluidos del rescate, millones se quedarán sin trabajo, la actividad económica se encontrará al borde del colapso. Estamos viviendo en un escenario de distopía. En 2021, las élites gobernantes no podrán contener el resurgimiento de una nueva gran ola de rebeliones sociales masivas.

Mi definición de la «COVID-21» dice sobre la transición sociocultural que comenzó con la aceptación por parte de la ciudadanía de la COVID-19 como una pandemia inevitable, a un proceso de despertar, de desobediencia y de rebelión social contra las élites gobernantes que han utilizado la COVID-19 para controlar, dominar y restablecer su continuidad en el poder. La COVID-21 es el despertar de los pueblos para no aceptar más las condiciones de precariedad, fragilidad, incertidumbre. Es el despertar de conocer que al mismo tiempo durante la pandemia los billonarios se enriquecen mucho más (Jones, S, Romei, V).

1.1. Marco de análisis y metodología

Metafóricamente, la pandemia de la COVID-19 ilustra cómo funciona la multidimensionalidad sistémica (Capra, F, 2016). Un terremoto, un tsunami, tornados, huracanes, descargas electromagnéticas, tradicionalmente se analizan como fenómenos individuales, cada uno por separado. La validez de los análisis individuales traducidos a la realidad contingente en que vivimos, como por ejemplo la crisis económica y financiera, la crisis política, la crisis social, la crisis ecológica, la crisis moral, la crisis ética o crisis espiritual, etc.), son todos útiles, pero extremadamente limitados.

Mi análisis diverge profundamente de los utilizados en paradigmas y metodologías tradicionales, porque mi metodología propone que todas estas crisis individuales aquí descritas están orgánica y sistémicamente interconectadas, entrelazadas, integradas, dinámicamente superpuestas.

Sostengo que en el siglo XXI los fenómenos individuales deben tratarse como parte de un todo ecosistémico. Para realizar este tipo de análisis necesitamos utilizar variantes multidimensionales y ecosistémicas. Esta nueva metodología y conceptualización analítica permite profundizar en las inter-intra-relaciones de impactos multidimensionales, tanto a nivel personal, familiar y social, como en nuestro ecosistema.

En este contexto analítico, defino y conceptualizo la pandemia;

COVID-19 como un terremoto, un tsunami, tornados, huracanes, descargas electromagnéticas, todos entrelazadas. COVID-19 en una crisis sistémica y multidimensional. COVID-19 representa un colapso sistemático y dinámico donde el todo es más grande que la suma de las partes individuales.

González-Carrasco, C (2020)

Mi análisis transciende y propone una ruptura con los paradigmas y dogmas de la vieja ciencia. Para esto, aplicaré una nueva conceptualización, nuevas definiciones científicas, una nueva metodológica transdisciplinaria, multidimensional y sistemática que he definido como la Nueva Ciencia, Sistema Sapien, Conductividad Humana, Conciencia Humana y Planetaria (González-Carrasco, 2017).

1.2.   Contexto de la COVID-19

Abundan las especulaciones sobre los orígenes de la pandemia COVID-19. Surgen diversas posiciones académicas, fuentes y perspectivas científicas. Por ejemplo, unas que postulan que el virus COVID-19 es de origen totalmente natural, i.e., biológico, químico, geofísico (Capra, F, Henderson, 2020), otras de carácter ecológico, en donde se afirma que el planeta se ha degradado a tal punto que seguirán apareciendo nuevos virus y que cada día serán más letales y complejos. Habrá muchas más epidemias si la humanidad no detiene el ecocidio de la Madre Tierra (Quammen, D, 2020).

Existen también una variedad de teorías de conspiraciones que argumentan que el origen de la pandemia COVID-19 se debe a que el virus ha sido artificialmente creado en laboratorios, y que su propagación es intencional, postura que sostienen médicos biólogos moleculares tales como Heckenlively, K, y Mikovits, J, 2020, Mikki Willis, M, Plandemic 2020.

Estos postulados de carácter conspiratorio también tienen como objetivo «denunciar» el papel que han tenido en la pandemia multimillonarios como los empresarios Bill Gates y el Dr. Anthony Fauci, director del Instituto Nacional de Alergias y Enfermedades Infecciosas de Estados Unidos, ambos fuertemente vinculados a la industria farmacéutica y empresas globales, que son las que más se benefician de las epidemias, de las pandemias, del deterioro de la salud física, mental y emocional de los seres humanos. Pero que en realidad son meramente teorías conspirativas ya que Bill Gates no está directamente involucrado con el origen de la pandemia.

La pandemia COVID-19 ha actuado, continúa y seguirá actuando como un catalizador, como un exponente y un acelerador, que nos permite cuestionar la voz oficial de los medios y su narrativa de la llamada «nueva normalidad» y, sobre todo, nos permite dejar al descubierto la gran cortina de humo y el fracaso de los análisis y predicciones del «grupo de poder científico» y de las élites gobernantes.

Supuestamente» nadie había predicho el virus corona (con la excepción de Bill Gates y su grupo). Nadie ha podido establecer el origen de la COVID-19 y es posible que nunca realmente lo sepamos, ya que intereses geopolíticos y pecuniarios lo impedirán o desplegarán una fuerte cortina de humo mediática para que la humanidad nunca sepa la verdad. Debido a esto, nadie puede predecir cuándo terminará.

González-Carrasco, C (2020)

Será casi improbable y es muy posible que nunca seamos capaces de determinar el verdadero origen del virus COVID-19 y cómo esta pandemia global ha provocado catastróficamente la pérdida de vidas de miles y miles de seres humanos.

Con certeza e inequívocamente se puede decir que la COVID-19 no será el último virus al que se verá expuesto la humanidad en el futuro. Surgirán otras pandemias, quizás mucho más catastróficas.

Lo que sí es posible determinar es la estrecha relación que existe entre la calidad sistemática de la tierra y la calidad sistemática de la salud humana. Cuanto más violenta sea la destrucción, el deterioro y la degradación de las fuentes y los recursos terrestres, fluviales, de la biosfera, es inevitable que surjan más virus y bacterias, que serán más complejos y mortales, que afectarán sistemáticamente la nutrición y la salud de los seres humanos.

El futuro de nuestra salud está intrincadamente entrelazado con la calidad de nuestros ecosistemas, con la calidad de las fuentes de alimentos, la nutrición y el futuro de nuestro planeta. La narrativa que domina hoy en día en el análisis de las grandes consultorías internacionales y de los medios de comunicación es el llamado «reseteo-reinicio», la «nueva normalidad». Esta nueva categoría y denominación intenta elaborar una supuesta ruptura con el pasado a través de un cambio transformador radical que plenamente contrasta la «nueva normalidad» con la contrapartida de lo «normal», de las formas de poder y dominación que existían antes de la COVID-19.

Justifican que las relaciones humanas de poder y dominación practicadas en el pasado han llegado a su fin cuando el «gran diseño de dominación» permanece intacto. Esta nueva narrativa de la simulación de la realidad esconde intencionalmente la estrecha relación y continuidad que existe entre la «normalidad del pasado» y el reajuste de la «nueva normalidad».

1.3. Características de la «nueva normalidad»

- Continúa la hegemonía del patriarcado binario del poder.

- Predomina el sistema de beneficio y dominio de las oligarquías económicas y financieras locales y globales (el 1 %).

- Sigue el fraude y la farsa democrática en donde los ganadores se lo toman todo.

- Continúa la constante humillación de los perdedores.

- Expone la falacia de la narrativa de la existencia de la meritocracia del sistema.

- La élite ignora las condiciones de desigualdad y los niveles de pobreza en amplios sectores de la sociedad.

- Ausencia de compasión, generosidad, empatía y solidaridad humana por parte de las élites gobernantes.

- Se acentúan y aceleran los sistemas de exclusión y explotación de la gran mayoría de la población.

- Se amplía la brecha de las desigualdades económicas de los socialmente excluyentes que viven en la extrema pobreza, «los que sobran» (Los Prisioneros).

- Persistencia de prácticas racistas y de represión policiaca.

- Prevalecen la impunidad, abuso y las injusticias.

- Incrementa la pandemia mundial de la corrupción corporativa legal y criminal.

- Permanece intacto el sistema patriarcal de liderazgo económico, político e institucional corrosivo y destructivo.

- Se profundizan las prácticas sistemáticas del patriarcado autoritario, totalitario y dictatorial, reemerge el populismo y el nacionalismo.

- Se aceleran los sistemas represivos basados en la planificación, la organización y la ejecución del uso de la brutalidad, la violencia, la crueldad y la represión estatal.

- Se acelera la guerra científica, tecnológica, digital, electromagnética entre las superpotencias.

- Predomina la desunión, falta de solidaridad entre las naciones y los bloques dominantes (i.e., EUA, China, Rusia, Unión Europea).

- Continúa la destrucción de nuestro planeta y de su uso como cajero automático ilimitado de ganancias por las oligarquías económicas y financieras.

- La vieja normalidad y la nueva normalidad son procesos sistémicos entrelazados de las prácticas que conducen a la más profunda deshumanización del ser humano.

La única «nueva normalidad» es el surgimiento y establecimiento del postcapitalismo global, la «nueva normalidad» está intrínsecamente relacionada con el colapso, con el desacoplamiento del sistema financiero y monetario internacional del sistema capitalista tradicional identificado por el periodo de la revolución industrial.

En este contexto, la nueva normalidad puede definirse como la consolidación de un nuevo sistema de dominación postcapitalista de carácter híbrido; de, por y para el 1 % de las oligarquías financieras del mundo.

Las novedades de la «nueva normalidad» son muy pocas, más bien la nueva normalidad acentúa y expone las profundas desigualdades históricas ya existentes, reestablece nuevas formas de explotación, nuevas formas de esclavitud y al mismo tiempo desarrollan nuevas formas de dominación y control tecnológico digital de la humanidad.

Cuando se revelan las verdaderas características de la «nueva normalidad» es posible realizar un análisis y una evaluación precisa del proceso y del ciclo histórico de desintegración y colapso del pensamiento y del poder patriarcal binario y de las prácticas degradantes, destructivas e inhumanas de convivencia social y la trágica destrucción de nuestro planeta.

En este contexto, si es posible determinar el verdadero origen histórico y las características del colapso de la pandemia del patriarcado y del binarismo inhumano que ha afectado a la humanidad por más de seis mil años, y que puesto en su perspectiva histórica las prácticas del patriarcado y sus resultados son aún más catastróficos que la devastadora pandemia de la COVID-19.

El reseteo y la nueva normalidad esconde la verdadera pandemia y plaga humana del siglo XXI, la nueva normalidad lanza una espesa cortina de humo para tapar el gran colapso de la salud mental, emocional y psicológica de los seres humanos. En el siglo XXI, los seres humanos padecen de altos grados de estrés, ansiedad, agobio, inseguridad, depresión, drogadicción, alcoholismo, uso extensivo de medicamentos adictivos como Vicodin, Oxycontin, Demerol, Darvocet, Ritalin, etc. En el siglo XXI nos enfrentamos a la pandemia de la incertidumbre, inestabilidad, precariedad, de la fragilidad y la muerte de miles de seres humanos.

La denominada **«nueva normalidad»** es un proceso de reajustes que favorecen el mantenimiento del poder y de los privilegios de las élites oligarcas para que el 1 % siga dominando a la gran mayoría de los ciudadanos. La *nueva normalidad* es el restablecimiento de la tiranía del Nuevo Orden Internacional del, por y para el 1 %. ¿Puede la humanidad despertar? ¿Tiene la humanidad la capacidad y/o el interés de asumir sus responsabilidades y de luchar por sus derechos?

1.4. La Madre Tierra no está enferma, nosotros los seres humanos estamos verdaderamente enfermos

Durante más de 6000 años, las **«Leyes de los Hombres»**, las leyes del patriarcado binario han instaurado las prácticas de la fragmentación, de la separación de lo humano y de la naturaleza. Esto ha resultado en un histórico y profundo trauma humano. Es un trauma humano sistémico y colectivo, en el cual, y en especial los hombres y su patriarcado, quedan inmune a las **«Leyes de la Naturaleza»,** provocando la degradación y destrucción de la Madre Tierra y se ciega y niega la posibilidad de la propia extinción de los seres humanos.

En tiempos modernos, por más de doscientos años la humanidad ha vivido en un proceso de un profundo trauma, una deshumanización que ha degradado, devaluado, mercantilizado, monetizado las formas de convivencia humana, la vida misma y destruido los ecosistemas.

La Madre Tierra nos ha recibido en su casa como sus invitados y no para que seamos sus dueños. La Madre Tierra no está enferma, nosotros, los seres humanos, estamos verdaderamente enfermos.

Lane y Merriam (2017)

Cambiemos el sistema depredador y cuidemos de nuestro planeta, cuidemos nuestra Madre Tierra, y nuestro planeta sobrevivirá. Vivimos en una plaga de impunidad, de mentiras, de corrupción, en la pandemia de la codicia obscena, donde una constelación de intereses creados, consciente y deliberadamente, se entrelazan para dominar y controlar a la humanidad y a destruir conscientemente nuestro hábitat.

Quienes históricamente afirmaron y se auto adjudicaron ser los dueños de nuestro planeta, lo han usado como un cajero automático, donde pueden sacar cantidades de dinero ilimitado, y así enriquecerse a destajos.

Las salvajes prácticas económicas patriarcales de los países más ricos, y en particular del 1 %, han resultado en un ecocidio totalmente irresponsable, envenenando la propia tierra, deforestando los campos y contaminando mares y ríos.

La codicia del 1 % lleva a una práctica insostenible y tóxica de contaminación del aire, la capa de ozono se ha debilitado y perforado, la atmósfera se ha saturado de gases, alterando las condiciones climáticas con efectos catastróficos.

Las prácticas depredadoras de las oligarquías han hecho desaparecer grandes extensiones de bosques (envenenando los pulmones respiratorios de la tierra), convirtiéndolos en áreas áridas que hoy son extensos desiertos. Vivimos en la sexta extinción de especies más grande en la historia del planeta (Attenborough, D, 2020). Todo un sistema del poder binario que está diseñado para alimentar la feroz hambre de la codicia de los propietarios de los recursos de la humanidad.

La aparición de nuevas bacterias y virus, tanto animales como terrestres, son el resultado del deterioro y degradación de nuestro hábitat. Aparecerán nuevas bacterias y virus que se transmiten al ser humano, causando epidemias y pandemias con características cada vez más letales. Los nuevos virus serán más fuertes, se transmitirán más rápido y masivamente, y causarán más daño y más muertes.

Nuestra Madre Tierra tiene una capacidad incomparable de autorregeneración y resiliencia. Los ejemplos son más que notables. El caso más cercano a mi propia experiencia está relacionado con una de las tragedias humanas más notables de finales de siglo XX: fui el primer productor de televisión de la CNN/ BBC en filmar a los niños de Chernóbil en La Habana, Cuba, en 1988. En 1986, la descarga nuclear de Chernóbil, en la Ucrania soviética, dejó por varias generaciones huellas profundas en la sociedad y en la ecología de la zona.

Después de más de 30 años, los científicos estiman que por muchos años la zona alrededor de la antigua planta no será habitable por seres humanos. Sin, embargo, los lobos, jabalíes y osos han regresado a los frondosos bosques que rodean la antigua planta nuclear en el norte de Ucrania. En lo que respecta a la vegetación, sobrevivieron todas las plantas menos las más vulnerables y expuestas a la radiación nuclear. Incluso en las áreas más radioactivas de la zona, la vegetación se estaba recuperando en tres años (Thompson, S, BBC, 2019).

1.5. Universos paralelos: «vivimos en el mismo planeta, pero no estamos en la misma tormenta, ni en el mismo barco».

Damian Barr, columnista y autor de *You Will Be Safe Here*, lanzó un sensacional poema que parece haber resonado entre las redes sociales. El poema se ha compartido masivamente, invocando un sentido de solidaridad de los que verdaderamente sufren de modo directo el impacto de la COVID-19. El poema refleja los verdaderos colores de la COVID-19 y destruye el mito oficial de que todos estamos en la misma tormenta y todos estamos en el mismo barco.

El poema de Damian Barr dice así:

Escuché que estamos en el mismo barco.

Pero no es así.

Estamos en la misma tormenta, pero no en el mismo barco.

Su barco puede naufragar y el mío no.

O viceversa.

Para algunos, la cuarentena es óptima: un momento de reflexión o reconexión.

Fácil, en chanclas, con un whisky o un té.

Para otros, esta es una crisis desesperada.

Para otros, se enfrenta a la soledad.

Para algunos, paz, tiempo de descanso, vacaciones.

Sin embargo, para otros, tortura: ¿Cómo voy a pagar mis facturas?

Algunos estaban preocupados por una marca de chocolate para Semana Santa (este año no hubo chocolates ricos).

A otros les preocupaba el pan para el fin de semana o si los fideos durarían unos días más.

Algunos tienen ahora su «oficina en su casa».

Otros buscan en la basura para sobrevivir.

Algunos quieren volver a trabajar porque se están quedando sin dinero.

Otros quieren matar a los que rompen la cuarentena.

Algunos necesitan romper la cuarentena para hacer cola en los bancos.

Otros para escapar.

Otros critican al gobierno por sus políticas.

Algunos han experimentado la casi muerte del virus, algunos ya han perdido a alguien por él, y algunos creen que son infalibles y se sorprenderán si esto golpea a alguien que conocen.

Algunos tienen fe en Dios y esperan milagros durante 2020.

Otros dicen que lo peor está por venir.

Entonces, amigos, no estamos en el mismo barco.

Estamos atravesando un momento en el que nuestras percepciones y necesidades son completamente diferentes.

Y cada uno saldrá, a su manera, de esa tormenta.

Es muy importante ver más allá de lo que se ve a primera vista.

No solo mirar, más que mirar, ver.

Vea más allá del partido político, más allá de los prejuicios, más allá de la nariz en su rostro.

No juzgues la buena vida del otro, no condenes la mala vida del otro.

No seas juez.

No juzguemos al que le falta, así como al que le sobra.

Estamos en diferentes barcos buscando sobrevivir.

Dejen que todos naveguen por su ruta con respeto, empatía y responsabilidad.

En contraste con el mensaje de empatía y solidaridad de Damian Barr, los líderes globales y el 1 % están enfermos, monstruosamente enfermos. Así se refirió Nick Hanauer a sus compañeros multimillonarios y plutócratas, como ***sociópatas sin límites, sin empatía por nadie, solo por ellos mismos*** (Hanauer, 2014).

El sistema económico global, así como los sistemas políticos y sociales, están en un proceso de colapso. Nuestros ecosistemas están destruidos, la convivencia humana ha alcanzado un grado de deshumanización profunda, ***vivimos en un colapso moral, ético y espiritual sin precedentes. No hay garantías ni seguridad sobre nuestras vidas. Este es un colapso irreversible de la «farsa de la libertad y de la estafa de la democracia del siglo XVIII-XX»*** (Simkin, M, 1992).

1.6.   Postcapitalismo híbrido para y del 1 %

El sistema económico dominante es un sistema global patriarcal depredador y salvaje, una plaga endémica de corrupción global (FinCen Files BBC TV Panorama 2020), de un sistema monetario, financiero, económico, de avaricia obscena sin límites, el cual funciona para el beneficio exclusivo del 1 % (Baratta, A, 2020).

El 1 % tiene más riqueza que el resto del mundo juntos. El poder y los privilegios los utilizan para aumentar la brecha entre las oligarquías y el resto (el 99 %). Una red global «legal» de fraude y corrupción, de paraísos fiscales «legales», que permiten a las personas más ricas ocultar 7,6 trillones USD (Hardoon, D, 2016).

Según Forbes, el número de hombres con tal riqueza, son los dueños de más de la mitad del mundo y sus fortunas decayeron en marzo de 2020, las cuales contabilizaron 2095 multimillonarios, 58 menos que hace en 2019. De los multimillonarios, el 51 % tienen menos riqueza que en 2019, afectados por la pandemia COVID-19. Los multimillonarios del mundo tienen un valor de 8 billones USD, menos de 700 mil millones USD desde 2019 (Forbes, 2020).

El 1 % representa el núcleo financiero de la clase capitalista de países como Estados Unidos, China, Rusia, la Unión Europea, India, Brasil, etc. Son los viejos y nuevos dueños de nuestro mundo. Una élite completamente deshumanizada, a la que solo le interesa cómo acumular cada vez más riqueza. Los miembros de la élite mundial son apoyados y protegidos por sus administradores, los facilitadores del capitalismo mundial, como los bancos centrales, los gobiernos y las instituciones financieras que rescatan financieramente un sistema insostenible e inmoral.

Esta subélite de apoyo constituye la muralla cortafuegos que protege la inversión de capital global, ellos son los que clasifican el riesgo, dictan el tipo y las condiciones de crecimiento económico de los países, tienen el poder para determinar el endeudamiento de las naciones y los términos del cobro de deudas, muchas de ellas impagables por los gobiernos que han aceptado las condiciones del Fondo Monetario Internacional, el Banco Mundial, el Banco Central Europeo, el BID y otras instituciones financieras internacionales, que actúan para garantizar el *status quo* monetario, financiero y económico (Phillips, P y Tabori, K, 2020).

> **¿Por qué el 99%** *debe siempre pagar por los desastres económicos, políticos, sociales y ecológicos? Históricamente las crisis económicas y sociales son producto de la perversa avaricia, crueldad y la llamada «racionalidad» de las acciones del 1 %.*

González-Carrasco, C (2020)

El sistema actual es un sistema postcapitalista global híbrido (EUA, China, Rusia, RU, India, Brasil…) de las, por y para las oligarquías, para los trillonarios, los cleptócratas y los plutócratas locales y globales propietarios del mercado financiero y monetario, de las grandes empresas corporativas, tales como Google, Amazon, Facebook, Apple, Microsoft (conocidos con el acrónimo GAFAM), Alibaba, Huawei y otros nuevos gigantes asiáticos.

Son los grandes multimillonarios como por ejemplo Bill Gates, Jeff Bezos, Mark Zuckerberg, Warren Buffet, Qin Yinglin, Amancio Ortega, Carlos Slim Helu, Mukesh Ambani. Las élites oligárquicas se apoderaron del mercado monetario y financiero mundial y con sus empresas han destruido nuestro planeta de una manera obscena y grotescamente irresponsable.

Lo hacen para asegurar sus sueños egoístas, a través del control monetario, financiero, la propiedad privada de bienes públicos, recursos nacionales, recursos naturales, del desmantelamiento y la corrupción estatal, todo para el beneficio de la poderosa familia del 1 % (Jiménez Martín, C, 2017).

2
COLAPSO CÍCLICO, SISTÉMICO Y MULTIDIMENSIONAL DE LA CIVILIZACIÓN DEL PODER PATRIARCAL

Vivimos en la época de la desintegración del proceso de civilización patriarcal de los últimos 6000 años. Será la peor catástrofe de la historia de la humanidad.

González-Carrasco, C (2020)

2.1. Los ciclos y las caídas de los imperios

No hay nada nuevo sobre los cambios y los colapsos históricos de los imperios y de las civilizaciones y sociedades modernas y funcionalmente complejas, de modelos y sistemas de creencias (Cline, E, H, 2015) (Tainter, J, 1988), no hay nada sorprendente sobre la brutalidad desplegada por las élites corruptas gobernantes al tratar de prevenir y detener que el 99 % resista y se rebele para tomar el poder (Denton, Ch, 2020).

En la última etapa del colapso es cuando el imperio comienza a decaer y a perder su hegemonía, su poder geoestratégico, su poder económico, militar, político e ideológico, se desintegra. Estados Unidos, después de la caída del muro de Berlín y con el colapso del imperio de la Unión Soviética, comienza su última etapa hegemónica, de expansión total, que hacen del imperio norteamericano la única potencia mundial. La nueva Roma del siglo XXI.

Estados Unidos, vertiginosa y agresivamente, ejecuta costosas guerras geoestratégicas, directas e híbridas en Afganistán, Iraq, Libia, Siria, Irán, Venezuela, en todas sus esferas de influencia, implantando un nuevo orden económico global depredador, militar e ideológico de la globalización.

Estados Unidos y Europa, con hambre de avaricia, financiaron el resurgimiento de Rusia y China, gobiernos que aceptaron las reglas del juego el capitalismo global, con el propósito de vencer al capitalismo occidental en su propio juego.

Esta pseudosupremacía imperial de Estados Unidos ha sido posible gracias a un costo económico astronómico e insostenible, lo cual representa una estrategia convencional de autodestrucción, muy similar a lo que le sucedió al imperio soviético de la URSS en los albores del siglo XX.

En el comienzo del siglo XXI Estados Unidos está en la fase final de su propia desintegración (Hedges, C, 2018). American Empire Collapse: It's About to Get Much Worse (Hedges, C, 2020). La fallida insurreccion del Capitolio en 2021, es parte del colapso interno.

Así como los fanáticos comunistas nunca imaginaron la desintegración del imperio soviético, los fanáticos del capitalismo global no pueden aceptar su propio colapso. En el contexto de la pandemia COVID-19, Henry Kissinger llama a los Estados Unidos a salvaguardar los principios del orden mundial y las democracias liberales para preservar y apoyar sus valores de la Época de la Luces. Pero ya es tarde y reconoce que Estados Unidos perderá el liderazgo global (Kissinger, H, 2020).

El impacto de la crisis multidimensional y sistemática del capitalismo está relacionado históricamente con el colapso del sistema de violencia, crueldad y brutalidad patriarcal, y está entrelazado con su descomposición histórica interna y externa.

En 2020, en la geopolítica global existen dos superpotencias: Estados Unidos y China, que actúan como bloques antagónicos y cuyos gobiernos están envueltos permanentemente en guerras híbridas, cibernéticas, cuánticas, digitales, biológicas, químicas, genéticas, electromagnéticas, de conflictos multidimensionales en todas las esferas y rangos de influencia que puedan controlar.

Estas dos superpotencias buscan sobre todo su poderío en el ámbito de los avances científicos y tecnológicos. China por un lado destina sumas multimillonarias a la educación en áreas científicas y tecnológicas y actualmente está probando una serie de productos innovadores para ser desplegados en el control y vigilancia de la población y para contener el contagio de la COVID-19. Estados Unidos, China y otros en 2020-21 compiten por quién podría ser el primero en comercializar una vacuna contra la COVID-19.

2.2. Perversidad darwinista: el perro fuerte se come al más débil

Históricamente, como en otros colapsos, el declive y desintegración de la hegemonía norteamericana, en el siglo XXI esto coincide con la caída del sistema capitalista global, así como con el aumento de la violencia brutal, represiva y siniestra de las élites gobernantes.

Estados Unidos ejecuta ofensivas híbridas multidimensionales y sistemáticas en diferentes zonas geopolíticas con el objetivo de mantener su liderazgo global. Sus enemigos como China y Rusia hacen exactamente lo mismo, porque los imperios no pueden llegar a un consenso sobre cómo sus oligarquías, sus trillonarios, cleptócratas y plutócratas pueden repartirse y compartir el botín del mundo.

La historia del patriarcado binario y del darwinismo se basa en la noción perversa de la competencia salvaje por sobre el potencial de practicar la colaboración humana y copropiedad de los recursos. Lo que hoy vivimos es solo un preludio al colapso irreversible del ciclo de civilización del poder patriarcal que ha durado por más de 6000 años.

Los imperios continúan con las mismas prácticas patriarcales del binarismo ***de ganadores y perdedores, o «tú estás conmigo o estás en contra»***. Esta es la narrativa darwinista en donde **«el perro más fuerte se come al perro más débil»**.

En este proceso de colapso y como ha sucedido en la historia, tanto Estados Unidos como sus enemigos han optado por el darwinismo binario de la dominación y la supremacía del uno sobre el otro, planeando, diseñando, preparándose para cuando sea el momento más apropiado para ejecutar el/los actos de paralizar, neutralizar y causar un daño inconmensurable o humanamente irreversible a su «enemigo».

Las guerras modernas ya no son ni serán militarmente «guerras convencionales» sino que corresponden a una nueva etapa de evolución de mutaciones sistémicas e híbridas de ataques mutuos, en términos de sistemas de datos, aplicando acciones cuánticas, cibernética, digital, biología, genética, neuronal, química y electromagnética, o varias combinaciones de ellas.

2.3. Bancarrota de los paradigmas, dogmas y diseños dominantes

Los diagnósticos realizados por las élites gobernantes, los intelectuales y los analistas del **«grupos de poder»** sobre la desintegración del sistema son generalmente insuficientes, ineficaces, parciales y limitados. Comienzan desde una posición de ceguera total, de negación, de autoengaño, de minimización, sobre la magnitud de la catástrofe y la avalancha que se avecina.

En sus análisis aplican metodologías, conceptos, definiciones, preguntas, variables y cuestionarios basados en paradigmas, dogmas, diseños y verdades eternas obsoletas. Estos análisis de los intelectuales que usan los dogmas dominantes son inútiles para hacer una anatomía profunda y sistemática de la realidad actual, pero, peor aún, sus análisis son incapaces de captar la energía del nuevo despertar humano que emerge y cómo se gestan los cambios irreversibles del siglo XXI.

Sus categorizaciones, tipificaciones, estratificaciones, estereotipos, variables de diseño, de las dimensiones ecológicas, ideológicas, psicológicas, emocionales, políticas y socioculturales son insuficientes, totalmente inadecuadas; sus premisas tienen poca validez para evaluar el deterioro, el quiebre y el colapso del sistema.

Con estos análisis parciales, inútiles, tienen tan poca legitimidad que llevan a las élites a anunciar medidas insuficientes para revertir y salvar las formas de acumulación de riqueza, pero su propio sistema se ha desintegrado y sus líderes han perdido credibilidad, legitimidad y confianza de la ciudadanía.

La gestión de la realidad y las soluciones propuestas son para volver a «lo mismo de siempre». El periodo que lleva la epidemia COVID-19 a octubre de 2020 lo definen como la «nueva normalidad». Sus mentes volverán a las prácticas perversas y harán de sus negocios como lo han hecho siempre, es y será: *business as usual,* una y otra vez.

La salud y el bienestar de la humanidad y el del nuestro planeta no son ni serán la prioridad de los líderes políticos, de los gobiernos, de los bancos, ni de las instituciones financieras. Es como *discutir con zombis* (Krugman, P, 2020).

La nueva normalidad representa y expone las más profundas diferencias económicas, sociales, políticas, culturales, raciales, de género y, por, sobre todo, expone la realidad cotidiana del materialismo, el consumismo, la comercialización de las relaciones humanas y del vivir mismo.

COVID-19 es una pandemia sistémica multidimensional. Metafóricamente, la pandemia de coronavirus puede ilustrar cómo funciona la multidimensionalidad sistémica; usando esta metodología analítica, COVID-19 es un tsunami, un terremoto, un tornado, un huracán, descargas electromagnéticas, todas ocurriendo entrelazadas, interconectadas como un fenómeno sistémico.

González-Carrasco, C (2020)

Los análisis de las crisis tratadas como dimensiones individuales (económica, política, social, ecológica, moral, ética o espiritual) son limitados. Todas estas crisis individuales están interconectadas, entrelazadas, integradas, superpuestas dinámicamente. En el siglo XXI el análisis es multidimensional y ecosistémico, se trata de la totalidad (Capra, F, 2016). *El todo es más grande que la suma de sus partes.*

La pandemia de COVID-19 ha actuado como un catalizador que expone el fracaso de los análisis y las predicciones de las élites en el poder. Los gobiernos y los líderes se equivocan y cambian constantemente de opinión, ya que nadie, ni siquiera los expertos, saben exactamente cómo diseñar y medir en el tiempo los escenarios para administrar e implementar medidas efectivas para paliar las graves consecuencias de la pandemia, de cómo gestionar una segunda ola y lo que se vislumbra como el periodo inmediato de postpandemia.

Los datos que se usan para predecir las cifras oficiales son por completo imperfectos, los datos recopilados en la medida de cómo está evolucionando la pandemia son poco confiables o no confiables. La mayoría de los países, incluido EUA, no tienen la capacidad de evaluar el estado de la salud de millones de personas afectadas por la pandemia y ningún país tiene datos confiables sobre la prevalencia del virus en una muestra aleatoria representativa de la población general (Ionnadis, J.P.A., 2020).

2.4. Prácticas inmorales de la ética del miedo y del terror

En 2019, la geopolítica se caracterizó por el inicio de una guerra comercial abierta entre Estados Unidos y China. Surge un reposicionamiento de las esferas de influencia de los principales imperios. Paralelamente, hubo una gran ola de protestas ciudadanas populares en todo el mundo. Los movimientos sociales estuvieron activos en países como Hong Kong, Rusia, Chile, Ecuador, Colombia, Perú, Líbano, Puerto Rico, Argelia, Francia, en un total de 158 países.

Las élites gobernantes durante 2019 y en el 2020, continúan utilizando la fuerza del aparato represivo y de violencia del Estado, lanzando a los militares a las calles, a la policía, a los servicios de inteligencia. Los Estados despliegan sus sistemas de datos y de vigilancia, con agentes infiltrados en grupos extremistas, utilizan criminales a contrato, pagan y financian a grupos paramilitares, con el único objetivo de desatar el terror y el miedo en la ciudadanía, provocar y usar la violencia incontrolada, todo con el fin de crear un caos total, para «solicitar» que las fuerzas militares intervengan, y generar una alianza cívico-militar para estar más seguros y confiados en el poder.

Nuestra sociedad está en guerra. Esta es una guerra dura y difícil, porque al frente tenemos un enemigo cruel, implacable y poderoso.

Sebastián Piñera, presidente de Chile (2019)

En 2019, las masivas protestas sociales en América Latina tuvieron a los gobiernos locales en un estado de no gobernabilidad, de incertidumbre, de fragilidad y de precariedad. Las respuestas de los gobernantes fueron las habituales. Por ejemplo, el gobierno chileno declaró que en el país **«estamos en guerra contra un enemigo poderoso».**

Con esta narrativa justificaron la intervención de las fuerzas represivas militares y policiales en las calles. Lanzar a las fuerzas armadas a las calles es el recurso histórico más utilizado por las élites gobernantes para preservar sus privilegios económicos y financieros y su poder total.

Como resultado, cientos de muertes, violaciones y delitos contra mujeres, jóvenes permanentemente ciegos por el impacto de proyectiles disparados por la policía militar en sus ojos, actos horrorosos, de extrema brutalidad y crueldad represiva, persecución y muerte de líderes sociales.

Todos los casos de violación de los derechos humanos que se han presentado a los órganos de las Naciones Unidas y han sido muy bien documentados. Sin embargo, no se ha tomado ninguna acción legal punitiva contra ningún funcionario de dichos gobiernos.

Antes del inicio de la COVID-19, el mundo estaba literalmente en llamas. Entre 2018 y hasta fines de 2019, desde Líbano, Puerto Rico, Colombia, Ecuador, Francia, Hong Kong, Chile, Argelia, se vivía una intensa actividad social. En América Latina, y especialmente en Chile, el foco de mayor intensidad en el continente a principios de 2020, los movimientos sociales durante enero-febrero hasta principios de marzo hicieron una especie de «tregua COVID-19».

A partir de marzo-abril de 2020, en particular los gobiernos que habían sido puestos en jaque mate por los movimientos sociales comenzaron a utilizar la pandemia COVID-19 para neutralizar y paralizar a los movimientos sociales. Desde esa fecha, estos gobiernos han puesto en acción a sus fuerzas militares en las calles de las principales ciudades de América Latina y del mundo.

Regímenes y líderes despóticos, autoritarios y otros autoproclamados democráticos, prevén que antes del fin de 2020 la credibilidad de sus políticas contra la COVID-19 se evaporen, dando espacio para que se produzcan no solo masivas manifestaciones de descontento, sino que se pronostican para el 2021 un proceso de rebeldías internas permanente.

Esto gobiernos compran y adquieren logística sofisticada para la represión, compran tecnología de punta, cámaras y software de vigilancia ciudadana, más vehículos lanza agua, más municiones mortales para herir y causar daño irreparable, pero también —como en muchos casos— la muerte de manifestantes; adquieren bombas de gases lacrimógenos, carros blindados de represión, modernos vehículos policiacos, implementan una ola represiva para arrestar a los líderes de las manifestaciones, de oposición y silencian a sus críticos.

Despliegan una narrativa mediática en la vida civil, usando la terminología militar, un lenguaje de guerra contra un poderoso enemigo, diciendo que el tipo de restricciones aplicables en tiempos de guerra son válidas durante la COVID-19, y cuando alguien cuestiona al gobierno, se le estigmatiza como un acto antipatriótico o de traición, para aplicar sus nuevas leyes represivas.

Estos gobiernos no gastan sus presupuestos para financiar la compra de nuevas unidades hospitalarias, medicamentos, equipos respiratorios, unidades clínicas para llevar a cabo los exámenes médicos necesarios en la población, reclutar más personal médico y de salud, coordinar la colaboración de los recursos hospitalarios y de salud pública.

Muchos regímenes en el mundo gobiernan y dominan a la población utilizando el miedo y el terror, usando su monopolio de las armas, lo que no saben es que este tipo de represión y brutalidad crea las condiciones para que dichos gobiernos vivan con el mismo miedo que ellos practican a diario en contra quienes ellos consideran son sus enemigos.

Estos regímenes viven con miedo y miedo de que un día la gran mayoría de los ciudadanos ya no los tolere, que la gran mayoría no les crea una palabra más, que ya no acepten las reglas del juego, que no creerán sus mentiras, sus engaños y su brutalidad y que han perdido el miedo.

González-Carrasco, C (2020)

3
CARACTERÍSTICAS DEL COLAPSO SISTÉMICO DE LA CIVILIZACIÓN PATRIARCAL

El colapso de la civilización patriarcal que lleva más de 6000 años es parte de un largo proceso cíclico evolutivo de descomposición y desintegración del pensamiento y de las prácticas de las relaciones humanas, basado en la exclusividad del poder patriarcal binario.

Es el colapso del fracaso de la transición de las sociedades originarias de una visión cósmica de la vida, con prácticas de un conocimiento simple de la naturaleza al de un «occidentalismo/colonialismo patriarcal y binario», del materialismo científico de la cultura de la funcionalidad compleja, impuesta brutalmente para el beneficio exclusivo de unos pocos en el poder y totalmente inaccesibles a la gran mayoría de la humanidad.

Esta es una de las crisis fundamentales de representación de la llamada civilización de la complejidad funcional (Tainter, J, 1988). Como todo ciclo de civilizaciones, este ciclo histórico se agota y su fin es irreversible, solo que es impredecible establecer las condiciones y el carácter de la catástrofe humana.

No será una pequeña escaramuza militar tradicional entre los imperios, no será un solo movimiento de gran escala, como un *big bang*, no, no lo será, es impredecible establecer los escenarios posteriores a la COVID-19.

Es muy probable que sea una mezcla o una fusión de los factores descritos aquí los que desencadenen el *nuevo despertar* de la humanidad, de su transformación sociocultural, sistémica y multidimensional en el siglo XXI.

El siglo XXI tiene características nuevas, que no necesariamente estuvieron presentes en colapsos históricos de otras civilizaciones anteriores. Las nuevas características del colapso son:

- ***Fracaso colectivo del pensamiento patriarcal y las prácticas de coexistencia y convivencia humana.***

- ***Colapso y obsolescencia de las élites patriarcales gobernantes.***

- ***Colapso de las democracias representativas.***

- ***Colapso de la confianza en el liderazgo patriarcal liberal y comunista.***

- ***Colapso de las organizaciones centrales institucionales y administrativas.***

- ***Colapso de los sistemas financieros, económicos, políticos, sociales.***

- ***Guerras híbridas, cibernéticas, biológicas, químicas, genéticas, electromagnéticas.***

- ***Estallidos y rebeliones sociales internas.***

- ***Destrucción global de hábitat natural y sistemas de vida ecológica.***

- ***6ª extinción masiva de especies.***

- ***Pandemias globales de salud, epidémicas, enfermedades colectivas.***

- *Migración masiva, movimientos y cambio de población.*

- *Colapso moral, ético y espiritual.*

3.1. La *machina* patriarcal binaria deshumanizante

La *machina* patriarcal binaria de poder deshumanizante tiene más de 6000 años, y se sustenta en el dogma histórico y científico occidental, bajo la mitología de la existencia de un poder divino, un ser todopoderoso, un emperador cósmico que tiene la autoridad para crear y gobernar el universo (González-Carrasco, C, 2015).

Este sistema basado en cuentos, leyendas, mitos, creencias, fue convertido a la escala de ser aceptado como la única realidad universal. Este sistema ficticio está en un proceso de caída libre, de descomposición, de desintegración irreversible. Una de la más exitosa historia de una transcendencia mitológica es la leyenda del dinero. El dinero convertido en la religión de la vida aceptada por todas las religiones e ideologías.

Más allá de *Deux ex machina binaria fija*, del algoritmo (1) y (0), no hay nada más que sea posible, no hay nada más para elegir; o es blanco (1) o es negro (0), o es perfecto (1) o no lo es (0), líder (1) seguidores (0), racional (1) o irracional (0), lógico (1) o ilógico (0), objetivo (1) o subjetivo (0), correcto (1) o incorrecto (1), bueno (1) o malo (0), capitalismo (1) o comunismo (0), individualismo (1) o colectivismo (0), *estás conmigo* (1) o *estás en mi contra* (0). De acuerdo con la *machina* binaria del pensamiento patriarcal no hay nada posible para ir más allá de este histórico *cul de sac binario* (Barker, M, y Lantaffi, A [2019]).

Desmantelar, descolonizar la maquinaria de las historias, leyendas, mitos, creencias y el pensamiento patriarcal binario, del racionalismo, de la lógica, del materialismo científico occidental, será un proceso de una magnitud inimaginable, impensable, casi ausente de toda comprensión humana.

El concepto y las prácticas de liderazgo liberal y comunista son parte de la narrativa que se construye como el pilar fundamental del binarismo de las prácticas patriarcales.

Esta práctica y narrativa del liderazgo patriarcal jerárquico ha sido históricamente programada e impuesta como una verdad universal y natural, que se transmite en todos nuestros sistemas y en todas sus magnitudes; neuronal, biológica, genética, en un océano mental basado en la narrativa que dice que los seres humanos estamos atrapados, que somos prisioneros, que estamos predeterminados por un cerebro binario y del cual no tenemos ninguna posibilidad de escapar.

González-Carrasco, C (2020)

La transición del binarismo patriarcal deshumanizante y exclusivo hacia prácticas inclusivas y holísticas llevará muchísimo tiempo. El binarismo y el patriarcado solo terminará cuando la mayoría de las personas (simbólicamente gran parte del 99 %) sobrepasen y vayan más allá de la exclusión binaria, cuando personal y colectivamente hayan tomado un alto grado de conciencia, comenzado por su propia transformación, cambiando hacia una conciencia colectiva para desmantelar todo el poder del sistema de las élites patriarcales gobernantes.

La transición tomará lugar cuando gran parte del 99 % diga basta, despierte y alcance nuevos tipos de conciencia individual y social, cuando la mayoría de la ciudadanía pueda desarrollar nuevas formas cualitativas de convivencia humana. Esto se debe de hacer pacíficamente y sin excluir al 1 %, para construir un vivir armónico con nuestro ecosistema.

Históricamente, las bases del pensamiento patriarcal binario de los paradigmas prevalecientes y los diseños de dominio se establecieron durante la Edad del Bronce en China, Egipto, Grecia y Arabia. Sus características predominantes fueron:

- *Estructuras jerárquicas de poder dominadas por hombres.*

- *Autoadjudicación divina de la propiedad privada y exclusiva de la tierra y de los recursos.*

- *Derecho exclusivo al poder por parte de emperadores, monarcas autoproclamados y gobernantes a través de guerras, del uso de la violencia, de la brutalidad y de la crueldad.*

- *Gobernantes autoproclamados, reclamando la representación divina de un ser superior que divinamente les asegura la posesión del poder absoluto.*

- *Una detallada división social del trabajo.*

- *El surgimiento del pensamiento binario lógico-racional.*

- *El establecimiento del lenguaje y la escritura.*

- *La creación de leyes de los hombres, órdenes y reglas escritas, para mejorar y retener el poder de los gobernantes* (Chan, A. 2005).

De esta forma, las élites hegemónicas construyeron sus propias historias, historias ficticias, leyendas, mitos, desarrollando e imponiendo un nuevo sistema de creencias, nuevas prácticas de pensamiento y percepciones patriarcales, de liderazgo y poder que fijaban y aplicaban historias de ficción, mitologías y entidades predeterminadas.

Las nuevas narrativas ficticias fueron propagadas por la religión, las ideologías y la pseudo-identidad cultural nacional, de los creadores del universo, por la existencia de un emperador cósmico, gobernante del universo y de la humanidad. Los superhumanos y divinos se volvieron *reales* a través de una ciencia inexplicada del surgimiento de su creación (Kingsley, 2014; Sagan, 1995), basada en rituales, imágenes y tabúes (Harari, 2015) para ser aceptados como un acto «lógico», «racional», «universal» y «natural».

La cultura patriarcal binaria del poder occidental sigue centrada en el sistema de creencias y de valores grecorromanos, del judaísmo-cristiano, un sistema de creencias que se ha mantenido enraizado en la narrativa predeterminada, predestinada y preordenada del *orden exógeno divino y supra-sobre natural, Deus ex machina* (Enciclopedia Británica, 2020).

En este acto de lo exógeno-divino, *Deux ex machina,* de la mitología y ficción histórica del poder patriarcal, del racionalismo y la lógica, es cuando el 1 % se adjudica divinamente, adquiere y asegura en perpetuidad la propiedad privada de la tierra, de los recursos naturales, se adueñan del poder absoluto: religioso, legal, económico, político y sociocultural, y posteriormente en el siglo XVIII del poder político estructural de la formación y gestión del Estado nación.

La época de las Luces y de la Razón (siglo XVIII) moderna desarrolló nuevas entidades ficticias, como los Estados nación, la geopolítica, el dinero y las corporaciones globales, la libertad y la democracia. Una de las historias de ficción más exitosas del racionalismo, la cual es aceptada por todas las ideologías, religiones y culturas, es la historia del dinero (Still, WT, 1996).

Es la alianza histórica de la religión, el dinero, el ejército y la ciencia, que se convierten en la fórmula ganadora que ha dado a los países imperialistas occidentales el poder para asegurar la «supremacía militar, económica y cultural de Occidente», a través del saqueo, posesión violenta de tierras de los pueblos originarios, esclavitud, anexión, conquista, colonialismo e imperialismo (González-Carrasco, C, 2015; Robins, N, 2012).

Es un sistema para servir y proteger el poder de las élites financieras, económicas y políticas gobernantes, de déspotas, de regímenes autoritarios, totalitarios y dictatoriales. ***Un sistema para el beneficio exclusivo de las oligarquías locales y globales, de trillonarios, cleptócratas y plutócratas***. La historia del poder asimétrico patriarcal evolucionó en dos narrativas filosóficas pseudorracionales: (a) una que supone que el poder económico y la propiedad de la tierra, de los recursos naturales y que las diferencias entre los seres humanos son el producto de las ***leyes divinas de los hombres***; (b) la otra asume que las ***relaciones de poder son asimétricas, exclusivas, binarias, fijas y rígidas***.

El poder binario se impone como la nueva ley y el orden divino que deben de ser obedecidas, aceptadas, incuestionablemente por el 99 % de la población como verdades eternas, dogmas, lógicos, racionales eternamente predeterminados, predestinados. **«El poder binario patriarcal es racionalizado como si fuera una ciencia natural y universal».**

Seis mil años de poder patriarcal asimétricos y binario son la base para explicar y analizar el profundo proceso de deshumanización que hemos vivido hasta el día de hoy. Este proceso de deshumanización es parte del sistema construido por los hombres, el cual ha creado, producido, reproducido y perpetuado la narrativa de las profundas diferencias entre los seres humanos, en todas las esferas de la sociedad.

Esta construcción patriarcal utiliza una narrativa pseudocientífica para clasificar, tipificar, estereotipar, estratificar a los seres humanos, utilizando como argumento la narrativa de la pureza genética, la ciencia racial, la neurología reduccionista, todas para explicar e imponer una agenda racista cruel y un complejo histórico de superioridad cultural de la masculinidad occidental blanca.

González-Carrasco, C (2020)

Las desigualdades son el producto de las prácticas del poder egoísta, de la explotación, la exclusión, la estratificación de los seres humanos (Piketty, T, 2015). Este poder asimétrico ha evolucionado en los tiempos modernos, y representa principalmente el fracaso de dos sistemas ideológicos y de creencias antagónicos que aluden a la llamada democracia y libertad; (a) la economía del capitalismo y del libre mercado no regulado y (b) el estatismo-comunismo, ambos sistemas buscan el control total de la economía, del sistema financiero, del mercado, de la sociedad y de nuestro planeta.

Las dos ideologías tradicionales dominantes (capitalista y comunista) tienen características y prácticas muy similares, muchos aspectos en común, ya que ambas son producto de la misma raíz, la raíz histórica del materialismo científico del siglo XVIII, árbol desde donde emergen y nacen ambas ideologías y sistema de creencias.

Son ideologías antagónicas y de confrontación, las cuales asumen que no existen alternativas a sus postulados; o es una o es la otra. Las dos ideologías y sistemas afirman su posición **pseudorracional y pseudológica**, y ambas se autoatribuyen el ser moral y éticamente superior frente a la otra ideología.

Las prácticas de las diferencias y de las desigualdades entre los seres humanos se usan como un arma de clase, de género, de raza y constituyen el pilar que sustenta un sistema de exclusión, de la pobreza del espíritu humano y de sus formas de pensar.

Esto constituye una de las expresiones más brutales del fracaso colectivo del pensamiento masculino y sus prácticas inhumanas.

González-Carrasco, C (2020)

3.2. La gran estafa: ¿Qué es más importante y conveniente: la esclavitud o la libertad?

En el siglo XVIII, la masonería europea (Bélgica, Francia, Reino Unido, España) identificó a América Latina como el territorio prioritario no solo para desplazar al imperio español (monarquía, Iglesia católica y su poder militar) de la región, sino más importante aún, América Latina se identificó con el objetivo principal de la narrativa moderna de la masonería liberal republicana europea para imponer su ideologia y prácticas de la masonería basadas en la filosofía de *Liberté, égalité, fraternité*.

Los llamados libertadores e independentistas republicanos latinoamericanos y del mundo ponen en práctica la misma narrativa de sus sueños de *Liberté, égalité, fraternité* ya fracasados en Europa. Te preguntas algo muy sencillo: ¿Liberté *para quién?* ¿Égalité *para quién?* ¿Fraternité *para quién?* Y pronto se darán cuenta de que estas prácticas del liberalismo republicano son solo para unos pocos en el poder y es la dictadura y la esclavitud para el resto de la ciudadanía.

En América Latina en el periodo de postindependencia, las estructuras masónicas del liberalismo republicano pone en marcha la «gran estafa» del siglo. ¿En qué consiste la gran estafa? El principal objetivo de la masonería independentista fue y es «enmascarar la esclavitud como libertad», planteando que los esclavos serían «personas libres».

La gran estafa de la masonería independentista fue fraudulentamente enmascarar la libertad de los esclavos, de vender/mercantilizar libremente sus vidas al convertirlas en una transacción por horas de trabajo. La masonería disfraza artificialmente la democracia para el beneficio de una minoría como si fuera simétrica e igual para todos.

La narrativa de la postindependencia, que lleva más de doscientos años, es un sistema de creencia donde la libertad y la democracia son parte de una lógica racional y universal, que asume que los seres humanos son todos iguales ante Dios y la Ley.

Son muchas las metáforas que ilustran esta farsa de la libertad, algunas de ellas son lamentable y políticamente incorrectas, pero estas metáforas nos acercan a dejar esta estafa al desnudo.

Utilizando un extracto de la aclamada película *¡Queimada/ Burn!,* durante la década de 1840, Gran Bretaña envía al agente secreto sir William Walker (Marlon Brando) con el objetivo de destruir y acabar en la isla caribeña ficticia de Queimada con el monopolio azucarero en manos del poder colonial portugués y pase a ser controlado por el imperio británico. Primero, sir William Walker incita a los esclavos a rebelarse bajo el liderazgo de un trabajador portuario, José Dolores, al mismo tiempo que trata de convencer a los propietarios de las plantaciones de abolir la esclavitud........

.............al dirigirse a los terratenientes criollos de origen portugués de las plantaciones de azúcar.

Sir William Walker: Caballeros, déjenme hacerles una pregunta. Mi metáfora parecería impertinente, pero me permitirá ir al grano. ¿Qué es para Uds. más conveniente? ¿Una esposa? ¿O una de estas mulatas?

No, no, no me mal interpreten, estoy hablando solo en términos económicos, ¿cuál es el costo de un producto? ¿Cuál es el rendimiento del producto?

Bueno, en este caso el producto es el amor. Es el amor físico puro, ya que los sentimientos no juegan ningún papel en la economía… Muy bien, a la esposa hay que darle un hogar, ropa, comida, atención médica, etc., etc., estás obligado a quedarte con ella por toda tu vida, incluso cuando ya no sea productiva. Entonces, por supuesto, Uds. tienen la mala suerte de pagar por su funeral, no, no es gracioso. Caballeros, lo sé a ciencia cierta, ¿no? Ahora, por otro lado, Uds. tienen una hermosa prostituta local.

Es un asunto muy diferente, no necesitas amarla, albergarla o alimentarla, y no enterrarla, ella solo es tuya cuando la necesitas y pagas el servicio, y le pagas por horas. Caballeros, ¿qué es más importante? ¿Y más conveniente? ¿Un esclavo? ¿O un trabajador asalariado?

¿Que es más conveniente? ¿La dominación extranjera con sus leyes, con sus vetos, impuestos, con un comercio

desigual o la independencia? ¿O tu independencia, tu propio gobierno, tus propias leyes, tu propia administración, con la libertad de comerciar con quien quieras, en los términos que dicten los precios del mercado internacional? Sres., eso es lo más importante.

Pontecorvo, G (1969)

3.3. La farsa de la libertad y de la democracia en donde los ganadores se lo llevan todo

No hay libre mercado, ni libre competencia, no hay libre comercio, no hay democracia en la economía, ni en las empresas, y menos en el trabajo. La «libertad» como la «democracia» impuesta desde el siglo XVIII como diseño de dominación son el mayor fraude y farsa mas espectacular de la historia de la humanidad.

González-Carrasco, C (2020)

En el siglo XVIII, los masones libertadores e independentistas fueron entrenados y adoctrinados en Estados Unidos, Francia, Gran Bretaña y España. Ellos promovieron la nueva máscara liberal de la abolición de la esclavitud, pero esta farsa era y es la esclavitud del trabajo asalariado. La masonería instaura un nuevo sistema de creencias de las «repúblicas liberales» en donde se pretende que los seres humanos ya no son esclavos, sino más bien su trabajo de esclavo es «libre», el «trabajo libre» de «venderse libremente en el mercado de trabajo», abogando y promoviendo por el «libre mercado», la «libre competencia» y el «libre comercio».

Los nuevos y autoproclamados liberadores de la humanidad impusieron la nueva «versión moderna del liberalismo republicano» del siglo XVIII, un nuevo sistema binario de creencias, que se simula a ganadores y perdedores como si ambos fueran libres e iguales ante Dios y la ley.

Esta ilusoria simulación de igualdad, libertad y democracia ha perdurado como la piedra más sólida de la mitología de la libertad y la democracia, donde se afirma que todos los seres humanos son libres e iguales.

La estafa de la libertad es la farsa los «mercados libres», los cuales nunca son «libres» y claramente no hay «mercados democráticos»; no existe la libre competencia ni menos la «competencia democrática», no existe la «libertad ni la democracia en el trabajo y/o en la empresa». La aceptación de que las «economías de libre mercado» son inmunes a su propio proceso democrático debe ser cuestionada de manera inequívoca.

La llamada democracia política representativa ha sido devorada por la vorágine de los grupos económicos y financieros, por las élites nacionales, que son los que realmente controlan el sistema, la institucionalidad y las estructuras políticas de una nación. La libertad y la democracia son las dos mercancías transaccionales falaces, son meros mitos, tanto a nivel político como a nivel económico. No existe el «libre albedrío» (Eagleman, D, 2015; Harris, S, 2012).

El liberalismo republicano occidental del siglo XVIII-XXI nos hace creer que los seres humanos somos ciudadanos libres porque somos representados democráticamente a través de políticos profesionales. En realidad, somos esclavos de la partidocracia y en el siglo XXI seguimos siendo esclavos de una pseudodemocracia: los ganadores se lo llevan y toman todo.

4
ECONOMÍAS PERVERSAS: DESIGUALDADES E INJUSTICIAS SISTÉMICAS

¿Podemos confiarnos de los economistas? ¿Qué pasaría si los economistas fueran responsables de construir puentes u obras de ingeniería? A diferencia de otras ciencias como la física, que se centran en materiales y objetos semiinanimados, la economía estudia el comportamiento humano con el fin de predecir la conducta humana, pero al contrario de la ciencia física, los seres humanos somos seres impredecibles y fluidos. Aquí en gran parte radica el fracaso de los economistas y todas las teorías económicas dominantes.

La palabra «economía» deriva del griego οίκος (*eco/casa*) y νέμομαι (*nomia*, norma de gestión/administrar). Las normativas de gestionar/administrar la casa, es decir, lo que hacen las familias todos los días, todas las semanas, todos los meses, el gestionar el ingreso y los gastos de sus casas.

El materialismo científico patriarcal de los siglos XVIII-XXI sustenta los sistemas *Frankenstein depredadores monetarios, financieros, económicos modernos,* todos convertidos en complejos sistemas funcionales patriarcales jerárquicos, en los cuales es casi imposible de descifrar las premisas principales la complejidad funcional del poder patriarcal, su estrategia de comunicación y la digitalización que respaldan todo el sistema económico.

Mantener a la ciudadanía en completa ignorancia es la condición humana ideal para el Estado y los ganadores del sistema, mientras menos ciudadanos sepan cómo funciona la economía, ese es el ideal.

¿Cuál es la relación que existe entre la economía, la libertad y la democracia? El oscurantismo, la completa falta de transparencia, la naturaleza secreta de las transacciones, las prácticas monopólicas, de los carteles, de los círculos secretos de distribución del mercado, los paraísos fiscales, las prácticas corporativas fraudulentas y corruptas son los pilares fundamentales donde reside el poder financiero y económico del sistema dominante.

El sistema económico y en particular el sistema financiero se basa en el hecho de que la gran mayoría de la población permanece con muy poca información financiera, desinformada, incapaz de ver más allá de la niebla y la cortina de humo, la mayoría de la población desconoce el espejismo, que se despliega a través de los medios de comunicación para proteger el poder y los privilegios de las élites gobernantes.

El nivel de criminalidad de las élites gobernantes económicas y financieras es asombroso en todos los niveles (nacional, regional y global), la pandemia de la corrupción legal corporativa es mayor de lo que se define como corrupción ilegal.

El capitalismo de los carteles, de las oligarquías, del 1 %, se ha devorado la farsa del llamado «capitalismo de la libre competencia y del libre mercado», la criminalidad financiera, como el lavado de dinero, los paraísos fiscales, el cabildeo corporativo, se han tragado las prácticas de esta pseudodemocracia que las élites gobernantes dicen defender (Lessig, L, 2016).

Los sistemas monetarios, financieros, económicos, de las doctrinas del paraíso en la tierra, se basan en mantener a la ciudadanía en completa ignorancia sobre el rol del dinero y las finanzas. La ignorancia financiera es el sustento principal del sistema de dominación de los ganadores, de los verdaderos y reales dueños de la riqueza.

González-Carrasco, C (2020)

Los sistemas que emergen del materialismo científico son el capitalismo/comunismo (EUA, China, Rusia) que en el siglo XXI se han transformado en un sistema corporativo global extremo, híbrido, monetario y financiero, que es totalmente insostenible (Mason, P, 2016).

¿Desaparecerá el sistema monetario financiero corporativo global basado en el dominio del petrodólar estadounidense? El petrodólar estadounidense no podrá sobrevivir al nuevo orden monetario digital internacional que surgirá de esta debacle.

En la era del postcapitalismo, el nuevo orden financiero digital que emerge en el siglo XXI será una vez más para el beneficio exclusivo de los billonarios, oligarcas, cleptócratas y plutócratas, un corrupto sistema económico, monetario y financiero internacional dedicado a mantener una casta financiera global y local (King, M, 2017) (Piketty, T, 2017).

En este contexto histórico es donde se posiciona el fracaso del dogma patriarcal de la «economía», una disciplina del conocimiento humano que se ha convertido en una *religión perversa, una disciplina de tal complejidad y oscuridad* que hace casi imposible visualizar, imaginar, ni tener la capacidad ir más allá del fanatismo binario de la *economía de los hombres.*

4.1. Sistemas económicos patriarcales y materialistas

Existen tres sistemas principales de creencias, prácticas y teorías antagónicas económicas de confrontación, que se derivan del materialismo científico. Para su credibilidad, todas las teorías y modelos económicos se autodeclaran ser disciplinas científicas, racionales, lógicas, lineales, secuenciales y deterministas. En su esencia son doctrinas económicas y sociales, dogmáticas y patriarcales.

Una es conocida como la economía «comunista centralizada y controlada por el Estado» atribuido a Karl Marx. *Este modelo se desintegró, fracasó de manera desastrosa y trágica, particularmente en Europa del Este.* El otro sistema se conoce como «capitalismo de bienestar estatal» atribuido a John Maynard Keynes, que prevaleció después de la Segunda Guerra Mundial y también fracasó. Pero gracias a la avaricia de Estados Unidos y Europa, países como Rusia y China resurgen como y dentro de un sistema capitalista híbrido, compitiendo con Estados Unidos y Europa.

4.2. Liberalismo, capitalismo fanático, salvaje y depredador

El sistema más conocido y dominante es el «capitalismo liberal» que se atribuye a los liberales clásicos de la escuela austríaca como Carl Menger (Teoría Subjetiva del Valor, 1871). El valor del bien es **subjetivo**, no depende del costo o trabajo necesario para producirlo, pero depende de la valoración subjetiva de la misma, y esta valoración depende de infinitos factores que no pueden controlarse con fórmulas matemáticas o gráficas.

Ludwig Von Mises (*Acción humana,* 1949), el valor de los bienes depende del comportamiento y la acción humana, Frederick Hayek (Teoría monetaria y el Ciclo económico, 1929) conocida como la teoría de la burbuja especulativa, donde el Estado manipula a la ciudadanía inyectando más dinero (préstamos/deudas) para aumentar el consumo y la inversión especulativa.

Pero cuando la «fiesta consumista termina», *la burbuja explota,* porque los consumidores deben pagar sus deudas y no tienen los recursos para hacerlo. Esto es conocido como los ciclos de ascenso y de caída, una crisis permanente de la economía capitalista.

Para Hayek, los Estados (los bancos centrales/Estado) no deberían intervenir en la economía inyectando liquidez para evitar los ciclos de «burbujas» y «estallidos», y de otra «burbuja» y otro «estallido». Para los economistas liberales los bancos centrales/Estado como agentes económicos no deberían intervenir.

El sistema ideal para los capitalistas liberales sería aquel donde el sistema monetario (moneda) no pueda modificarse, sino que esté sujeto monetario debe de ser un patrón fijo, como el oro.

También supone que el dinero que existe tiene una equivalencia directa con el oro, ni el banco central ni los gobiernos podrían imprimir dinero, ni establecer las tasas de interés con las que los bancos prestan dinero. En esta «teoría» habría una cantidad fija de dinero, las «burbujas» y también los «estallidos» supuestamente desaparecerían. Con esto la economía sería estable y solo dependería de las interacciones y el comportamiento de los individuos, lo que los liberales definen como el «orden espontáneo».

En resumen, la escuela austriaca no usa fórmulas o cálculos matemáticos, pero en menor medida lo hacen F. Hayek, P. Boettke, R, Garrison, los «Chicago Boys» de Milton Friedman. *Los capitalistas liberales prometen construir un paraíso capitalista en la tierra,* asumiendo cinco marcos institucionales: (a) propiedad privada, (b) mercado libre no regulado, (c) rentabilidad de la competencia, (d) libertad individual y (e) cooperación social.

El sistema actual que surge durante la crisis de la década de 1970 es el capitalismo liberal salvaje, extremista y fanático, que se identifica con la Escuela Austriaca y los Chicago Boys, cuyo objetivo es controlar la maquinaria estatal, tomarse el poder para desmantelar y destruir por completo el rol del Estado en la economía.

> *Los fanáticos del capitalismo global, los dogmáticos del liberalismo, de la libertad económica (Heritage Foundation, 2020), promueven y practican la noción de que el Estado nación no debe desempeñar ningún papel y los bancos centrales deben desaparecer.*
>
> *La sociedad debe funcionar fija y rígidamente como si la vida fuera una mercancía más, predeterminando la mercantilización de la vida y la de nuestro planeta. Sobre todo, usar la economía para controlar a los ciudadanos usando el miedo y el hambre.*

González-Carrasco, C (2020)

Nadie, ni nada es inmune en esta catástrofe del liberalismo capitalista, los cimientos mismos de la vida se transfiguran, se transforman, se mercantilizan. Se privatiza/esclaviza el trabajo humano, la educación, la salud, la vivienda, las pensiones, los recursos y los bienes naturales, etc.

El sistema de capitalismo global es un sistema para el beneficio exclusivo del 1 %, el de las oligarquías locales y globales, de los trillonarios, cleptócratas y plutócratas (EUA, China, Rusia, India, Brasil, Arabia Saudí, etc.), que son los verdaderos depredadores y dueños económicos, financieros y políticos de la sociedad (Hanauer, N, 2019).

El usar el poder y los privilegios para explotar a los débiles y vulnerables frente a una amenaza común es un acto moralmente repugnante.

Reich, R (2020)

Las élites gobernantes son el poder de facto en la sociedad, y están protegidas por prácticas constitucionales, institucionales, legales, por los políticos profesionales, por las actividades represivas del poder del Estado, por el poder de los funcionarios, sus administradores y las autoridades gubernamentales locales.

El Estado actúa como el facilitador, como la institución que protege y promueve los intereses del sector privado, para que todos los bienes públicos, los bienes naturales de nuestro ecosistema se privaticen, el Estado subsidia y facilita la privatización económica, financiera, en nombre de la libertad y la democracia practica impunemente la corrupción, el abuso, el fraude, el despojo.

Esta es la farsa de la democracia, sin embargo, esta «democracia» no se aplica a la economía. La economía está totalmente excluida, exógena, cercada y protegida de cualquier proceso democrático, no existe democracia económica (Ghymers Hanot, C, 2015).

Cuando los argumentos económicos teóricos y la realidad económica misma no logran convencer o persuadir al 99 % de sus éxitos, los fanáticos recurren a la religión, se proclaman ser el «Brazo de Dios», «**Dios está de nuestro lado**» (Milei, J, 2020). ***Deux ex machina***, Dios salvará al sistema capitalista global del diabólico Estado-socialista, de **Satanás**.

Para los fanáticos la economía liberal, este un asunto divino, de vida o muerte y ellos se juegan absolutamente todo, y lo apuestan todo por la mantener en perpetuidad su modelo económico capitalista global y sus formatos de negocios corporativo.

En su discurso, el reduccionismo y determinismo económico, los amos del mundo declaran mejorar y promover la libertad y la democracia. Sin embargo, se puede decir que mientras haya quienes afirman darnos libertad y democracia, podemos decir científicamente que nada de eso se llama ni libertad, ni democracia.

4.3. La economía: pseudociencia convertida en una religión perversa

En las teorías, los pensamientos y por sobre todo las prácticas económicas patriarcales, el concepto de la vida y el de la coexistencia humana emprenden un proceso de transfiguración profunda, las prácticas económicas y el formato de empresarial convierten nuestras vidas, en que hacer ficticio del culto egoísta del hedonismo individual y de las celebridades de los espectáculos.

El determinismo económico prevalece para sostener un sistema exclusivo de poder para beneficiar a los verdaderos dueños económicos y financieros de nuestras sociedades, independientemente si el sistema es privado y/o público, capitalista y/o comunista, ya sea en EUA, China, Rusia, India, Brasil, etc.

Los economistas utilizan la pretensión de ser una pseudociencia mediante el despliegue de densos y complejos modelos matemáticos, computarizados, digitalizados, áridos, deshumanizantes para reclamar su validez científica (Shiller, JR, 2016-2013). **«Puedes disfrazar el charlatanismo bajo el peso de las ecuaciones,**

y nadie puede atraparte ya que no existe un experimento controlado», afirmó Nassim Taleb (Taleb, N, 2004).

Los modelos económicos son puras teorías especulativas, de conjeturas de datos inconsistentes, imprecisos, procesados a través de operaciones algorítmicas poco confiables. Ninguna de las «predicciones» de los más prestigiados economistas e instituciones, como el FMI, Banco Mundial, agencias de calificación de riesgo, consultorías y consejeros económicos, nunca han acertado en sus datos, ni en sus predicciones.

Los nuevos dioses y sacerdotes económicos de la sociedad dictaminan las reglas sobre qué tipo de sociedad debemos de seguir. Nos dicen que solo son técnicos en economía, que solo hacen análisis técnicos, neutrales y científicos. Nos dicen que son entes autónomos e independientes, pero las autoridades institucionales como los presidentes de los bancos centrales obedecen directamente y siguen los intereses de las élites financieras, monetarias y económicas y no los intereses de la ciudadanía.

Los bancos centrales fueron diseñados para **«ser organismos autónomos, independientes, con patrimonio propio, de carácter técnico», pero estos nunca han sido independientes**. De esta manera, se genera una corrupción insuperable entre el carácter político de las instituciones independientes a cargo de las políticas públicas, y las normas constitucionales de los países donde se confabula y se mantiene la estrecha relación entre los poderes de las élites económicas y financieras y los llamados actores independientes encargados de servir a la ciudadanía en su conjunto.

Se despliega una densa cortina mediática de humo para cubrir estas prácticas corruptas, en donde los gobernantes políticos, los funcionarios públicos designados políticamente por los gobiernos, las élites financieras, los administradores de fondos de pensiones, de activos, de los recursos de la nación se confabulan como un cartel de mafiosos para proteger sus intereses.

A lo sumo la economía es una pseudociencia, que utiliza los adornos de la ciencia, como por ejemplo la ***teoría del equilibrio* (el equilibrio económico es una situación en la que las fuerzas de mercado, como la oferta y la demanda, están equilibradas y, en ausencia de influencias externas (*ceteris paribus*), los valores [de equilibrio] de las variables económicas no cambiarán).**

El equilibrio es una construcción fundamentalmente teórica que nunca puede ocurrir en una economía, porque las condiciones subyacentes a la oferta y la demanda son a menudo dinámicas e inciertas.

Una de las teorías más básicas e importantes es la del equilibrio del ingreso = gasto, sin embargo, científicamente el equilibrio/balance no existe, es solo un sistema de creencia, que es adoptado como un lenguaje matemático simple y común.

$$Y = C + I + G (X\text{-}M)$$

Y= ingreso está en equilibrio = C consumo + I inversiones + G gastos del gobierno (X exportaciones y M importaciones)

Científicamente, la *termodinámica* nos dice que cualquier sistema va más allá del supuesto equilibrio, todo existe en una *dinámica de complejas relaciones,* aún más *la física cuántica* ha arrojado un conocimiento sin precedentes sobre la comprensión de la *dinámica de los sistemas «complejos»,* los sistemas están entrelazados e integrados sistemáticamente.

En resumen, las ecuaciones de equilibrio son teorías básicas, y tal cual como los silogismos económicos están prácticamente obsoletos. La vida y la economía no son fijas, nunca están en equilibrio, ni son lineales o secuenciales.

La economía es una pseudociencia que utiliza el álgebra, las matemáticas, complejas ecuaciones, derivadas, estadísticas, en particular algoritmos binarios generados computacionalmente de datos imprecisos, imperfectos diseñados bajo la pretensión de *ser un modelo tecnocrático, científico, imparcial, universal y neutral*. Toda esta complejidad es completamente inaccesible a la ciudadanía, la economía y el sistema financiero en particular promueven el oscurantismo, la ignorancia de la ciudadanía en el conocimiento de los productos financieros. La economía en su esencia no tiene nada de científico, imparcial o neutral.

La economía es una normativa patriarcal construida, por un sistema de creencias programado, es una narrativa ideológica y un concepto rígido de sociedad, practicada por deterministas dogmáticos y economistas que practican la economía como el único modelo posible de sociedad y de convivencia humana.

El Premio Nobel de Ciencias Económicas se ha otorgado 51 veces, los ganadores han utilizado modelos informáticos complejos que no son accesibles a la ciudadanía, y que son incomprensibles, solo una pequeña élite puede entenderlos. Las categorizaciones de los premios Nobel elevan la economía al nivel de «ciencias económicas», un pedestal único solo para la «economía». ¿Por qué otras disciplinas no reciben la categoría de ciencia y no se les otorgan premios Nobel como tal? Como es el caso de las «ciencias químicas» o las «ciencias físicas». ¿Por qué se le da a la economía la reputación, el estatus, el prestigio que no se merece? ¿Por qué la profesión económica y financiera alcanzó el nivel de una nueva religión? ¿Por quiénes y para quiénes?

Históricamente, esta disciplina patriarcal pseudo racional y lógica se ha derrumbado y colapsado una y otra vez y cada vez que cae deja una secuela de desastres y tragedias humanas incalculables (2008, 1930, 1894, 1855, 1772). Estas doctrinas económicas no son más que *sistemas de poder y de creencias de la ley binaria de los ganadores, para los ganadores, por los ganadores* (Tooze, A, 2018).

4.4. Chile: experimentos y fracasos de modelos ideológicos occidentales

El neoliberalismo nació en Chile y morirá en Chile.

Davies, R (2020)

El comunismo murió también en Chile.

González-Carrasco, C (2020)

Chile es un ejemplo vivo del *Prometeo y del Paraíso en la Tierra*, del reduccionismo económico, de prácticas dogmáticas y fanáticas, ideológicas y doctrinales. Chile, un país donde en su pasado histórico reciente dos ideologías polarizadas se enfrentaron violenta y brutalmente, un país utilizado como laboratorio y en donde ambos experimentos modelos económicos e ideologías fracasaron.

Durante el apogeo de la Guerra Fría, la confrontación de las superpotencias (Estados Unidos y la Unión Soviética), el experimento chileno era conocido como el «camino pacífico al socialismo» (Gregory, R [1992]) y el otro es del «dogma del capitalismo liberal radical». Este último se impuso violentamente por una brutal dictadura nacional e internacional cívico-militar en la década de los 1970, el modelo es conocido como *el tratamiento de shock* (O'Brien, P; Roddick, J [1983]).

La brutal y dictatorial imposición del modelo fanático del capitalismo neoliberal habría sido imposible sin el establecimiento de la dictadura cívico militar, sin la destrucción de las instituciones políticas y sociales y sin una constitución dictatorial como la dictada en 1980. El modelo económico neoliberal necesitaba una constitución dictatorial para implementar y ejecutar sus políticas económicas, la ciudadanía chilena desde 1980 vivió bajo una constitución dictatorial por mas de cuarenta años.

Hasta muy recientemente, Chile se presentó al mundo como el «paraíso», «el cielo en la tierra», la «historia del éxito», irónicamente descrito como el «oasis» del capitalismo liberal, la ley de la propiedad privada sobre los bienes públicos (Klein, N [2008]).

En octubre de 2019, para la «sorpresa» de las élites gobernantes, de la mediocridad intelectual del *establishment* y los defensores globales del capitalismo liberal, el *«paraíso chileno»* se derrumbó (Mayol, A, 2012-2016).

El despertar del pueblo chileno conmocionó a las élites gobernantes en todas partes del mundo y en especial a los políticos profesionales tradicionales, a los partidos políticos (que han actuado como los administradores del modelo económico capitalista liberal) (Mayol A, 2019). Como reacción al masivo nuevo despertar, al estallido social, el presidente Sebastián Piñera impuso un estado de emergencia y desplegó a los militares en las calles de Santiago de Chile. La respuesta del presidente de la nación fue declarar la guerra a su propio pueblo (Reuters, 2019).

Chile se ubica como uno de los países más desiguales entre un grupo de 30 de las naciones más ricas del mundo (BBC Mundo 2019). Con una brecha de ingresos que es aproximadamente un 65 % más alta que el promedio de la OCDE.

El 18 de octubre de 2019, salen a la calle a 3,7 millones de ciudadanos en una nación de 19 millones, salieron a participar en la protesta más grande de la historia de Chile.

Una marcha que fue y va más allá de las desigualdades masivas de los ingresos, una marcha más en contra del alto nivel histórico de grandes sectores de chilenos endeudados, que viven en la pobreza extrema, los ingresos de pensiones despreciables, miserables y exiguas, el costo inasequible de la educación privada y de su baja calidad, la dominación patriarcal de la sociedad, la práctica histórica del uso por parte de los gobiernos de la brutal y violenta represión, históricamente la muerte de miles y cientos de ciudadanos, de las violaciones de los derechos humanos, la indignación por la privatización de todo, incluido el agua, el desdén y racismo en el tratamiento de la población mapuche, estos y otros factores históricos fueron los que produjeron el estallido social y el nuevo despertar en Chile.

Fue la protesta de millones de ciudadanos nunca vista en las calles de Chile, donde el pueblo chileno mostró y expresó su histórico resentimiento, enfado, rabia y furia contra la ostentación, contra el abuso, la impunidad y la corrupción de los políticos, de la oligarquía, del 1 %, que históricamente y durante demasiado tiempo los ha humillado, los trató con arrogancia, desdén y como seres humanos desechables.

El colapso de la economía liberal chilena representa un largo proceso de decadencia, de desintegración del determinismo económico dogmático, lo que constituye el fracaso del sector privado y público, los administradores funcionales del Estado nación, el colapso de sus instituciones, de la élites gobernantes políticas tanto de derecha como de izquierda y las jerarquías religiosas, de los abusos, la impunidad, fraude, engaño, mentiras, prácticas criminales y corruptas de los depredadores, de la farsa libertad y democracia, sobre todo su quiebra moral, ética, espiritual, es el colapso del todo (Mayol, A, 2019).

Davies Richard en su análisis sobre la economía chilena menciona la existencia de una pancarta que dice: «**El neoliberalismo nació en Chile y morirá en Chile**» (Davies, R, 2020), yo agregaría «**El comunismo murió también en Chile**» (González-Carrasco, C [2020]).

5
POSTCAPITALISMO DIGITAL, CIBERNÉTICO, HÍBRIDO

5.1.   Desacoplamiento del sistema financiero y monetario

En el siglo XXI se ha producido un desacoplamiento entre el sistema financiero y monetario de la economía capitalista tradicional. Ya no existe correlación directa entre el mundo real de la llamada economía capitalista, basada en la productividad, los salarios, el empleo, los bienes y servicios de la época industrial y el mercado monetario y financiero. Esta asociación entre el capitalismo tradicional (la economía real) y el postcapitalismo del siglo XXI, se quebró y llegó a su fin en 2008, cuando los bancos centrales rescataron a un sistema insostenible, sin ética e inmoral.

La COVID-19 ha acelerado la transición hacia un postcapitalismo para y por las oligarquías financieras y monetarias, las cuales siguen especulando y comprando acciones en la bolsa esperando un retorno de su inversión cuando nadie cree que dichas compras resultarán en suculentas ganancias.

Las oligarquías financieras no están interesadas en la economía real. Estas oligarquías híbridas se han disociado de la economía real, del capitalismo tradicional que las engendró y les dio vida. El mercado monetario y financiero del siglo XXI ha pasado a una nueva etapa, la etapa de acumulación de riqueza para el 1 %, donde las oligarquías utilizan a los gobiernos (por ejemplo, los gobiernos de Estados Unidos y Reino Unido) para separarse de su matriz, del viejo y obsoleto sistema capitalista que desempeña el papel de facilitar las ganancias del sistema financiero.

En 2008, los bancos centrales y los gobiernos intervinieron con un rescate masivo de billones de dólares estadounidenses para revivir a los bancos en quiebra. Esta intervención es peligrosa e insostenible, es una bomba de tiempo, que si estalla tendrá consecuencias catastróficas.

El desmantelamiento del sistema monetario, financiero, económico y sus prácticas de negocios corporativos, constituyen uno de los desafíos más importantes de la transición y la transformación humana del siglo XXI.

González-Carrasco, C (2020)

A pesar de la retórica y la propaganda polarizadas y antagónicas desplegadas por los populistas y nacionalistas sobre regímenes comunistas como China y Rusia, *el comunismo no existe.* Lo mismo cuenta para la narrativa contra la existencia del **capitalismo liberal clásico, no existe.** Además, la libertad y la farsa democrática han terminado, la democracia representativa de la Época de las Luces del Racionalismo del siglo XVIII-XXI ha muerto (Levitsky, S y Ziblatt, D, 2019) (Runciman, D, 2017).

En el siglo XXI estamos en un nuevo sistema capitalista global digital, cibernético, híbrido y tecnológico. Estas nuevas ideologías digitales, cibernéticas, pueden adoptar, cooptar y cambiar cínicamente a una nueva falsa realidad simulada digitalmente, donde la verdad y los hechos ya no se pueden creer.

Las estrategias cibernéticas pueden contener abiertamente la negación, el engaño, el ocultamiento, grandes mentiras y la falsedad profunda de los eventos y los hechos. Lo que se habría descrito como la «realidad» se ha convertido en un futuro falso, una mentira negociable, en este postmodernismo digital ya nada es real. Vivimos en universos paralelos, uno de los ganadores (1 %) y otro de los perdedores (99 %), en donde las estrategias de comunicación cibernética del siglo XXI pueden manipular, torcer, simular y mentir fácilmente.

5.2. Guerras digitales, híbrida, cibernética, electromagnéticas, biológica, química, neuronal, genética

El panorama geopolítico del siglo XXI es uno de guerra, de guerras híbridas, tanto visibles como invisibles, tanto en las esferas monetarias, financieras, económicas, como comercial. Guerras cibernéticas, de sistemas electromagnéticos, biológica, química, celular, neuronal y genética.

Las superpotencias están envueltas en una guerra híbrida de comunicación cibernética, donde despliegan un ejército digital de cyborgs, anuncios oscuros, *bots*, hechos blandos, noticias falsas, falsificaciones profundas, *trols*, hackers que aseguran y promueven la nueva realidad del siglo XXI, esta realidad es una narrativa del engaño, profundamente falsa (Barlett, J, 2019).

No hay transparencia, responsabilidad, trazabilidad en cuanto a los orígenes o la fuente de la información y la propagación viral de la historia, el objetivo real de la narrativa.

En la geopolítica actual la guerra digital comunicacional se transforma en una guerra de información y comunicación digital, donde los propietarios digitales de la tecnología global utilizan las redes sociales y su ideología híbrida para dividir, fragmentar, separar, confrontar, manipular y cuestionar la verdad sobre asuntos tales como ¿qué es el poder? ¿Qué es el dinero? ¿Qué es la democracia? ¿Qué es la libertad? ¿Qué son las democracias representativas? ¿Qué es la participación ciudadana? ¿Gobernabilidad? ¿Transparencia? ¿Pensiones? ¿Vivienda? ¿Emprendimiento? ¿Educación? ¿Pobreza? ¿Salud? ¿Ciencias? ¿Tecnología? ¿Qué tipo de sociedades queremos construir y vivir?

Nada queda intacto, nada queda sin tocar, todo es ambiguo y cuestionable. El objetivo de la estrategia híbrida de comunicación digital de las redes sociales es garantizar que nada cambie o que cambie muy poco. Es una estrategia que les permite a las élites globales en EUA, China, Rusia, la Unión Europea, etc., mantenerse en el poder todo el tiempo que puedan.

Las superpotencias mundiales son conscientes de que su narrativa ideológica tradicional ya no les funciona, no son creíbles, pero al mismo tiempo pueden apropiarse fácilmente del concepto mismo de estrategia sin líderes y sin ideología. Vivimos en la guerra de los Twitter, de Instagram, de Facebook, de WhatsApp.

Vivimos en el mundo polarizado de Internet, donde todo es cuestión de opinión más que, de hecho. Los individuos y grupos eligen sus propias tribus virtuales. Es en este contexto donde se crea el campo fértil para las conspiraciones y la desinformación, confrontación, la polarización, el antagonismo. Cada vez más personas utilizan las redes sociales para realizar sus propias investigaciones y llegan a conclusiones engañosas, que pueden verse agravadas por la cobertura unilateral de las historias de los medios controlados por los partidos políticos y las élites económicas.

Informaciones falsas o afirmaciones engañosas, especialmente cuando son amplificadas por los medios o figuras públicas, resultan ser mucho más populares que cualquier desacreditación. La solución puede no residir simplemente en presentar los hechos, por muy importante que sean. También se trata de comprender por qué las personas recurren a las conspiraciones en línea y cómo se vieron expuestas a ellas repetidamente.

Cuando se derrumba un ciclo de dominación, la respuesta es de guerra, su respuesta es de más violencia y represión, con el objetivo de confrontar, polarizar y arrojar gasolina a las llamas existentes, para generar un incendio infernal masivo, una explosión de caos, un clima de terror, un clima de profunda incertidumbre, una psicología masiva de pánico colectivo.

El nivel de represión, miedo, terror, violencia y destrucción por parte del aparato estatal represivo es organizado, planificado, financiado por el Estado nación y los respectivos gobiernos en el mundo lo ejecutan sin piedad. El objetivo es desacreditar y detener las demandas legítimas y genuinas de la ciudadanía por cambios en todas las esferas de la sociedad.

6
COVID-19, SISTEMA GLOBAL MORIBUNDO, PERO NO MUERTO

Se trata del control de la humanidad (no del coronavirus), de devaluar absolutamente todo, para que luego el 1 % pueda comprarlo todo por un precio de risa.

El daño causado será mucho peor que el virus mismo; depresión económica, bancarrota, desempleo, suicidios, hambre, muertes, etc. La nueva pandemia es la pandemia del colapso de la salud mental de la ciudadana.

González-Carrasco, C (2020)

La pandemia de la COVID-19 es una catástrofe mundial para la cual el mundo no estaba preparado. Fue apropiada por las élites para rediseñar, reprogramar, y ejecutar un reinicio sistémico para favorecer sus propios intereses. La COVID-19 impacta directamente en la conducta humana, atacando su sistema inmunológico, el comportamiento emocional de la ciudadanía, produciendo incertidumbre, temor, ansiedad generalizada, psicosis personal, un pánico colectivo, un miedo y terror mundial masivo.

Las élites gobernantes utilizan la COVID-19 geopolíticamente, económicamente, como la causante de la caída y el reajuste del sistema monetario y financiero global basado en el petrodólar. Es una estrategia diseñada para que el sistema en su totalidad entre en recesión/depresión, reactivar la posición de los Estados Unidos, China y Rusia en la economía mundial y salvar al capitalismo global de su eventual fracaso.

El objetivo de todo este proceso es colapsar el sistema, pero evitar el apocalipsis total, «resetear»/reiniciar e instalar un nuevo orden económico financiero digital global.

La pandemia de la COVID-19 no es un simple reinicio, está diseñada para reformular y restablecer un nuevo sistema de dominación y control de la humanidad.

Este es un sistema económico global hiperfinanciado, monetaria e insanamente sobrevalorizado, que solo busca su propio beneficio y no da ningún valor a los seres humanos. El índice S&P 500 de las acciones de Estados Unidos cayó un 12 % en marzo de 2020. En Europa, el FTSE 100 del Reino Unido cayó un 4,7 % a su nivel más bajo desde 2011 y el índice Stoxx Europe 600 cayó un 4,9 % (Financial Times, marzo 16, 2020).

Sin embargo, la desintegración del sistema monetario, económico y financiero no es responsabilidad de una pandemia como la del coronavirus. Con COVID-19 o sin ella, el colapso del sistema económico global se ha estado gestando como un proceso histórico. Hoy usan la pandemia para generar el miedo, la política del terror para frenar y liquidar al movimiento social que en 2019 venía en alza.

Perversamente, todos los sistemas económicos materialistas de Prometeo del Paraíso en la Tierra han fracasado, sus doctrinas económicas ya no son suficientes para persuadir al 99 % de que acepte, obedezca, guarde silencio y permita que la fiesta del 1 % continúe intacta.

Este es un modelo totalmente insostenible, depredador, malévolo, perverso, que en su proceso de colapso busca su propia sobrevivencia. La COVID-19 ha acelerado el proceso de desintegración del sistema global tradicional y ha dado paso al postcapitalismo híbrido, este nuevo sistema global digital financiero tiene la capacidad de regenerarse. El sistema actual es un sistema moribundo, colapsado, pero es un sistema que no está muerto. Todo depende de cómo la ciudadanía en el mundo usa esta oportunidad para desmantelar el sistema en su totalidad.

7
LA SOCIEDAD DEL ESPECTÁCULO, DE LAS MENTIRAS, DE LA SIMULACIÓN, DEL ENGAÑO, DE LA AMNESIA Y LA ANESTESIA

Emancípate de tu esclavitud mental

Nadie más que nosotros mismos podemos liberar nuestras mentes

"Redemption Song", Bob Marley (1980)

Irónicamente, la llamada «gestión racional y lógica» de la economía patriarcal se sitúa en un contexto histórico de la dictadura de la razón y del materialismo científico (Varela, F, 2001), que a la vez se centra históricamente dentro del siglo XVIII-XXI en el marco evolutivo del racionalismo, del materialismo económico industrial del consumo.

Vivimos en una sociedad donde la vida y todo se reduce al materialismo económico, la economía ilusoria, de la usura, del fraude y de la corrupción.

Vivimos en la sociedad de la farándula, del espectáculo sintético (Debord, G, 1994), una sociedad de la exhibición exuberante ilimitada de posesiones materiales, una sociedad de entretenimiento superficial, banal, una sociedad donde se programa la mente humana, de hábitos repetitivos, es la sociedad de la simulación plástica, del escapismo, de la amnesia, en donde todo es convertido en una vulgar mercancía (Baudrillard, J, 1994).

Es la sociedad de la programación de la mente humana de las prácticas subconscientes de la vida, la sociedad de los zombis actuando en piloto automático. Esta desconexión y negación de la conciencia humana crea en el subconsciente las condiciones de una forma de autoimposición y de autocensura, oscureciendo y limitando nuestra conciencia humana, nuestra imaginación, la creatividad y nuestra capacidad de explorar nuestra multidimensionalidad, nuestra multisensorialidad.

Vivimos en piloto automático del subconsciente mental. Es la sociedad de la programación del 95 % del subconsciente humano, vivimos automáticamente programados en el subconsciente, engañados por lo superficial, vivimos en lo artificial, en el estado de la más profunda deshumanización.

González-Carrasco, C (2020)

7.1. El candado y la llave: autocensura–autorreduccionismo

*Cuando piensas que tienes todas las llaves
aparece el universo y te cambia todos los candados*

González-Carrasco, C (2020)

La autocensura y el autorreduccionismo son candados, cerrojos y barreras construidas por los propios seres humanos. Los seres humanos construyen sus propias murallas, sus propias limitaciones, sus propios candados mentales que actúan como un freno, como una autocensura, cuando intentamos transformar y cambiar la narrativa científica de la asumida lógica y el racionalismo de la ***identidad individual del yo, o del otro, como identidades rígidas, identidades monolíticas, fijas y predeterminadas.***

Somos los dueños de la cerradura y de la llave, pero nos tienen programados, para ser prisioneros de la cerradura y no saber que nosotros mismos tenemos la llave de nuestra propia transformación.

La apropiación cultural del Estado nación del espacio físico, mental y espiritual de los seres humanos constituye las barreras y los límites a la posibilidad de desarrollar nuevos sistemas de creencias y nuevas formas de pensamiento humano.

Como resultado, nuestra conciencia se vuelve inmune, se cierra a la posibilidad de lo nuevo, como si estuviera inyectada con anestesia, sometiendo a la mente humana a un estado de amnesia inconsciente permanente:

Todos los días ingerimos las píldoras del mercantilismo, de la monetización, del consumismo y nos hemos convertido en entes drogados, atrapados en una adicción, a un sistema deshumanizador.

Nuestras vidas se han convertido en una mercancía, nuestras vidas se han transfigurado en un producto más y ya no somos ciudadanos críticos, activos, cuestionando cómo realmente vivimos y en este sistema ilusorio somos incapaces de cuestionar el poder que nos controla.

González-Carrasco, C (2020)

Han desempoderado a la especie humana para que crea que no tiene acceso a la información, al conocimiento, a la sabiduría, a la conciencia social, a creer que tampoco tiene las capacidades para iniciar nuestra propia transformación, para empoderarnos y construir un nuevo tipo de sociedad; peor aun, estamos convencidos de que somos incapaces de desafiar y cambiar las estructuras de poder existentes.

Vivimos en un monstruoso engaño, prisioneros de un fraude programado; vivimos en una fantasía pseudocientífica, en una cámara oscura, vivimos drogados como zombis en la amnesia simulada, un sistema global híbrido mercantilista impuesto para degradar, devaluar, denigrar la vida y nuestro planeta, vivimos como una simple mercancía (Dick, PK, 2003).

Hemos llegado y entrado a un nuevo período de deshumanización posthumanista, tecnodigital, determinista, que busca alterar irreversiblemente el tejido cultural, humano y existencial.

González-Carrasco, C (2020)

8
LA NUEVA DICTADURA DIGITAL Y NUEVA ESCLAVITUD HUMANA

El objetivo de la transformación digital es establecer un nuevo orden mundial digital, un nuevo ecosistema de poder digital, la «dictadura de la data» (Snowden, E, 2019) (Moya, B, 2019), la dictadura de la vigilancia digital (Zuboff, S, 2019) (EUA, China, Rusia, etc.).

Se impondrá una nueva dictadura, una dictadura global digital, que será la nueva forma de dominación de la humanidad a la que debemos resistir y rebelarnos.

González-Carrasco, C (2020)

Estamos viviendo en un nuevo proceso de guerras digitales, cibernéticas, cuánticas, híbridas, biológicas, químicas, electromagnéticas y tecnológicas, en donde los avances científicos y tecnológicos, pertenecen a los nuevos dueños coloniales del transhumanismo digital.

8.1. COVID-19 y la nueva dictadura de la vigilancia digital

Claramente estamos en una emergencia de una pandemia global. La COVID-19 nos afecta a todos, pero no por igual. Los autodenominados demócratas, déspotas, autócratas y los oligarcas de la *big data* se están aprovechando de esta emergencia y actúan en la sombra, mientras la gran mayoría vive ocupada, prestando atención en las redes sociales a las últimas actualizaciones y noticias de la COVID-19 sin conocer, ni saber, que los gobiernos usan el aparato estatal de la vigilancia digital, la data del seguimiento, del control de la sociedad, y la ciudadanía en general no tiene el conocimiento ni sabe que vive en un estado de permanente vigilancia estatal.

En este contexto, las dictaduras digitales de datos están funcionando con toda su fuerza. Esta crisis les ha dado una libertad sin precedentes, que ellos no esperaban que llegase tan pronto o en un futuro tan próximo. Muchas cosas están sucediendo en las sombras del oscurantismo de los poderes fácticos. Durante las próximas dos décadas debemos de actuar con especial atención y cuidado, ya que perjudicarán nuestros derechos humanos y libertades civiles en otra ola peligrosa de represión y pérdida de nuestra privacidad.

Podría, por supuesto, defender la vigilancia biométrica como una medida temporal tomada durante un estado de emergencia. Se iría una vez que termine la emergencia. Pero las medidas temporales tienen el desagradable hábito de superar las emergencias, especialmente porque siempre hay una nueva emergencia al acecho en el horizonte.

Harari, YN (2020)

Detrás de las cortinas de humo, de la pseudodemocracia, los gobiernos de todo el mundo están fortaleciendo sus aparatos de vigilancia digital y de seguridad digital. Están creando estados y gobiernos de vigilancia impulsados por nuevas tecnologías de vanguardia. Tanto los líderes «democráticos» como los autoritarios están restringiendo las libertades civiles bajo la premisa de combatir el terrorismo y otras amenazas ficticias, usando actualmente las pandemias, por supuesto (Moya, B, 2020).

8.2.   El modelo corporativo digital

El modelo de negocio y comercial de las grandes empresas tecnológicas de data está asociado con las operaciones de las marcas como Amazon, Apple, Google, Facebook, Microsoft, Alibaba, Huawei, etc. Este modelo consiste en adquirir datos personales de individuos y luego comercializarlos y venderlos como un producto de datos para asegurar grandes ganancias financieras. Estos son los nuevos dueños coloniales del paraíso digital.

Los gigantes tecnológicos no están jugando de acuerdo con las reglas económicas establecidas por el mercado, sino con reglas que ellos mismos establecen en gran medida influenciando y dictando sus propias leyes. Esta es una nueva era de la digitalización que llevan a cabo las grandes corporaciones tecnológicas y que favorecen a empresas como Amazon, Apple, Facebook y Google. Una investigación del Subcomité Antimonopolista de Leyes Comerciales y Administrativas del Comité Judicial (2020) de la Competencia de los Mercados Digitales de los EUA duró 16 meses, estableció que había encontrado en Silicón Valley «los tipos de monopolios [vistos por última vez] en la era de los barones del petróleo y los magnates del ferrocarril».

En el informe del Congreso de Estados Unidos establece que «empresas como Amazon, Google, Facebook y Apple han acumulado demasiado poder y deberían ser controladas. Estas empresas "ejercen su dominio de formas que erosionan el espíritu empresarial, degradan la privacidad de los estadounidenses en línea y socavan la vitalidad de la prensa libre y diversa"», concluyó el Comité Judicial de la Cámara del Congreso de Estados Unidos en su informe de casi 500 páginas. «El resultado es menos innovación, menos opciones para los consumidores y una democracia debilitada».

El informe proporciona «evidencia de que Facebook, Amazon, Apple y Google han utilizado conductas anticompetitivas y adquisiciones para aumentar y mantener su poder de monopolio», dijo Sally Hubbard, directora de estrategia de aplicación del Open Markets Institute. Los propietarios de las empresas corporativas de data globales tienen como objetivo hacer que el usuario final (el *perdedor*) mediante sus experiencias digitales crean y se sientan que ellos son los *nuevos ganadores,* esto lo hacen por medio del despliegue de una percepción psicológica que aparenta estimular sus supuestas ganancias.

Los perdedores continúan siendo programados y anestesiados para vivir en un profundo estado de amnesia, y para mantenerlos permanentemente conectados para jugar una y otra vez la fantasía digital.

González-Carrasco, C (2020)

La gran mayoría de las personas desconocen la estrategia psicológica de la programación y esclavitud de sus mentes, inician sus sesiones digitales y se convierten en consumidores pasivos de basura digital, se involucran profundamente en la simulación de una nueva ideología híbrida cibernética, se convierten en adictos al consumo digital. Están inconscientes y no tienen el poder para tomar la decisión de desconectarse, desenchufarse y salirse del sistema.

En 2013, Edward Snowden conmocionó al mundo cuando expuso a los servicios de inteligencia estadounidense y reveló que el gobierno de los Estados Unidos estaba buscando en secreto formas de recopilar información de cada llamada telefónica, mensaje de texto y correo electrónico de sus ciudadanos.

El resultado del desarrollo de nuevas tecnologías será un sistema de vigilancia masiva sin precedentes con la capacidad de entrometerse en la privacidad de cada persona en la tierra. Los propietarios de la data (Big Data Tech) quieren establecer de un nuevo orden digital, un nuevo sistema de poder, este es el poder (EUA, China, Rusia) de la ***dictadura de la data*** (Moya, B, 2019), ***la dictadura del de la vigilancia digital*** (Zuboff, S, 2019), un sistema destinado a la dominación y control final de la conciencia y el espíritu humano.

Esta práctica de vigilancia ciudadana (vigilancia de datos en línea y fuera de línea, reconocimiento de voz, reconocimiento facial, huellas digitales) es un nuevo fenómeno que surgió en el siglo XXI, y es parte de la era postcapitalista del control de la sociedad (Mason, P, 2016), es un estado simulado de la esclavitud mental humana (Dick, PK, 1977-2017).

Vivimos en tiempos precarios y frágiles: de felicidad evasiva, de placer falso, nada es seguro o estable. El optar por las experiencias sociales digitales hace que las personas piensan que están cambiando a un sistema de creencias en el cual las personas sienten que recuperan cierto nivel de certeza, seguridad y estabilidad, de estar en control de sus vidas.

Pero esta nueva vida digital es tan ilusoria, fantasiosa como la anterior, una realidad digital simulada llena de los mismos defectos de los viejos paradigmas. La búsqueda de la gratificación instantánea a través de sistemas de datos de alta tecnología aparenta mejorar la experiencia digital de los seres humanos, quienes buscan la «felicidad digital invisible».

Las recompensas instantáneas, eventualmente conducen tanto a la adicción, como a la depresión en línea y fuera de línea (Lustig, RH, 2017). Nuestras mentes se condicionan a la esperanza que cada clic digital conduzca a un éxito que sea mayor y mejor que el anterior, o que la próxima respuesta que reciben de las redes sociales sea más gratificante para nuestros egos que la anterior. En la busca de obtener más y más seguidores, la creencia es que cuantos más seguidores tengamos, mayor es la satisfacción (cantidad es felicidad).

Aquí se aplica el enfoque de corto plazo sobre las actividades virtuales que predominan en las relaciones humanas. Estas relaciones virtuales son frágiles, precarias, inciertas, inestables, son fluidas. Esto está resultando en una epidemia sin precedentes de adicción, ansiedad, estrés, frustraciones, depresión y enfermedades mentales digitales crónicas.

Las empresas de software (bajo la narrativa de que los *algoritmos son inofensivos y neutrales*) usan algoritmos programados, propulsan a los fabricantes de opioides para que estas empresas corporativas receten medicamentos en exceso, desmesurados, cuyo consumo anualmente matan a más de 70 000 seres humanos, i.e., Estados Unidos.

El uso indebido y la adicción a los opioides, incluidos los analgésicos recetados, la heroína y los opioides sintéticos como el fentanilo, resulta en una grave crisis que afecta la salud pública y el bienestar social y económico de Estados Unidos (National Institute of Drug Abuse NIH 2019). Multipliquen 70 000 casos anuales por un periodo de diez años, y son casi un millón de personas muertas. Un estado profundo de deshumanización entre lo digital y lo corporativo.

Cada vez, somos más absorbidos por una nueva práctica de deshumanización, el posthumanismo digital, es un proceso de «deshumanización digital». *El término deshumanización se re-*

fiere al proceso de privar a una persona, un grupo de personas, a una comunidad, de las cualidades mínimas de ser seres humanos, de su existencia y de su cultura.

Las conexiones tecnológicas son más baratas que el costo las relaciones humanas, el de conversar cara a cara. La tecnología digital también está deshumanizando el espacio de trabajo. Está eliminando todas las conexiones entre el propietario, el productor y el consumidor. Incapaz de estar presente, estar en el momento sin interrupción, esta es una pérdida tremenda de los sensores humanos, los cuales no se pueden cuantificar.

Hemos entrado en la era de la ansiedad y el trauma digital, autoinfligida, a la era de la depresión digital, de la polarización digital, del odio digital, del miedo digital, del estrés digital, del acoso digital, del suicidio digital, de la degradación humana digital y más. Hemos entrado en el siglo XXI en un nuevo proceso digital de deshumanización y una nueva esclavitud humana digital (Valovic, 2018).

Estas nuevas ideologías globales híbridas y cibernéticas a través de la digitalización pueden cínicamente cambiar, adoptar y cooptar absolutamente todo a una nueva y falsa realidad, donde la verdad se convierte en postverdad, y los hechos reales ya no son confiables, nada se puede creer en esta «realidad digital». Es un proceso de transfiguración robótica del ser humano con la aplicación de la ciencia y tecnología.

Después de la COVID-19, habrá un cambio de poder en geopolítica digital entre China y Estados Unidos, el cambio favorecerá a China y a la región asiática. «Estados Unidos cesará de percibirse como el líder internacional debido al estrecho interés, propio de su gobierno y su incompetencia» (Dr. Kori N Schake, Chatam House [2020]).

8.3. Transhumanismo: *big data* y la esclavitud digital

Los pensadores transhumanistas quieren que la especie humana tome el curso de la evolución en sus propias manos, utilizando tecnologías avanzadas actualmente en desarrollo, como la robótica, la inteligencia artificial, la biotecnología, las neurociencias cognitivas y la nanotecnología, para superar nuestras supuestas limitaciones físicas y mentales actuales, mejorar nuestra inteligencia más allá del nivel máximo alcanzable actual, adquirir habilidades que actualmente son propiedad de otras especies, abolir el envejecimiento involuntario y la muerte, y finalmente alcanzar un nivel de existencia posthumano (Manzocco, R, 2019).

Vivimos en un proceso de transformación, transfiguración del ser humano, así como la reformulación, reestructuración y restablecimiento del sistema actual de dominación capitalista híbrido, el nuevo sistema se posiciona dentro del contexto global del colapso cíclico, histórico y de su crisis multidimensional.

La transformación digital, la ciencia de datos, la inteligencia artificial (IA), robótica, todas están bajo el dominio de la propiedad de las corporaciones de data global, que usan los medios digitales para introducir la nueva narrativa de *cuatros principios materialistas transhumanista; (a) el ser súper humano, (b) la súper inteligencia, (c) la súper longevidad, (d) el súper bienestar.*

9
SOLUCIONES SISTÉMICAS

Cambia tus creencias, cambia tus pensamientos,

Cambia tus pensamientos, cambia tus percepciones,

Cambia tus percepciones, cambia tu actitud,

Cambia tu actitud, cambia tus valores,

Cambia tus valores, cambia tu destino.

González-Carrasco, C (2017)

9.1. Sistema Sapien: sistema cósmico holístico donde todo existe en sistemas de relaciones

Los seres humanos somos ecosistemas de sabiduría y de energía universal, de vida, de billones de células, genes, neuronas, organismos bioquímicos, de vibraciones, frecuencias, resonancias, ondas, campos de energías, dinámicos y magnéticos, internamente los seres humanos tenemos un total de once sistemas internos.

El cuerpo humano está formado por once sistemas de órganos importantes, incluidos el sistema circulatorio, respiratorio, digestivo, excretor, nervioso y endocrino. También incluyen los sistemas esquelético, muscular, inmunológico, tegumentario y reproductivo. Todos los sistemas están interconectados y conducen información, energía, los flujos de conductividad facilita las intraconexiones, las cuales colaboran y trabajan juntas en una constelación de relaciones multidimensionales para mantener un cuerpo humano en funcionamiento. Hay billones de organismos microbianos que viven en nuestros cuerpos, superando en número a nuestras propias células de 3 a 1.

Durante más de seis siglos, la humanidad ha tenido que aceptar un sistema de poder basado en el patriarcado jerárquico binario de ganadores y perdedores, una humanidad bajo el dominio exclusivo del hombre. Este sistema se construyó por los hombres en donde desarrollaron historias de ficción, leyendas, mitos, creencias y prácticas humanas degradantes, que nos han desempoderado en la ceguera, en la amnesia constante, vivimos como zombis en la anestesia del aceptar estas prácticas deshumanizantes y humillantes como si fueran naturales, lógicas, racionales, universales, de las que no podemos escapar ni rebelarnos.

El diseño dominante de la vida que ha durado más de 6000 años nos dice que los seres humanos estamos genética, neuronal y culturalmente predeterminados. Mi conceptualización de Sistema Sapien rechaza todos los mitos y todas las falacias anteriores, esas creencias no son naturales, no son lógicas, ni racionales, no son naturales, ni universales (el racionalismo y la lógica son conceptos occidentales totalmente cuestionables), dichas creencias y mitos no son universales, más bien son sistemas de creencias, de las leyes de los hombres de construcciones ficticias que fueron impuestas por la fuerza por aquellos que se convirtieron en dueños de la propiedad de la tierra y del poder.

Gracias a los rápidos y nuevos avances científicos y tecnológicos, podemos establecer que todos los sistemas son organismos vivos, se autoorganizan, son autosuficientes, están interconectados, y que *somos un superorganismo planetario de superconductividad,* donde todos existen en una constelación de relaciones inter-intra multidimensionales de colaboración mutua.

El Sistema Sapien es un sistema holístico e-motion (energía en movimiento) de la totalidad universal, multidimensional y multisensorial en todas las variedades de sus esferas y subesferas. Esta es la base que genera el sistema de conciencia y sabiduría colectiva de la transformación y el empoderamiento humano.

Todos los sistemas están inter-intra conectados, inter-intra relacionados y son emisores, conductores de energía *(conectividad-conductividad-conciencia)* con la capacidad de generar conciencia y sabiduría humana. El Sistema Sapien está compuesto de grandes macrosistemas (González-Carrasco, 2020).

Todos los sistemas desde dentro hacia fuera, del exterior al interior, son ecoorganismos vivientes, y ellos son:

- **Órganos internos:** once sistemas en nuestro universo interno.

- **Familia y relaciones:** sistema social de nuestras familias, de nuestras amistades.

- **Creencias y sociedad:** sistemas de creencias que incluye: ético, moral, económico, religioso, ideológico, de la sociedad, de nuestras comunidades.

- **Biósfera:** sistema ecológico global que integra a todos los seres vivos y sus relaciones, incluida su interacción con los elementos de la litósfera, la geósfera, la hidrósfera y la atmósfera.

- **Cosmos-universo:** sistema externo más allá del sistema solar.

Sistema Sapien, un sistema de energía, de conciencia y sabiduría multidimensional, multisensorial, de multiperspectivas, abierto, fluido, evolutivo, dinámico, que establece que todo existe en sistemas relacionales.

González-Carrasco, C (2020)

9.2. Nueva Ciencia: somos responsables de nuestra propia transformación y de nuestra conciencia

La Nueva Ciencia establece que el poder reside en las personas mismas, en las comunidades, en la ciudadanía, las cuales tiene todas las capacidades, las habilidades, la experiencia y el potencial para comenzar nuestra propia transformación, para transformar nuestro sistema de creencias, superar los mitos históricos, para reprogramar, reiniciar y renovar nuestro vivir para transformarnos, empoderarnos y crear las condiciones para construir una nueva convivencia humana de calidad y una vida armoniosa con nuestro precioso planeta en el siglo XXI.

La anatomía de la Nueva Ciencia está compuesta por flujos energía, e-motion, ondas, campos cuánticos, pensamiento cuántico, epigenética, neuroplasticidad, ecosistemas y organismos vivos, ecobiología del conocimiento, termodinámica, conectividad-conductividad humana, nuevos desarrollos tecnológicos y avances científicos. Todos forman parte de un ecosistema para la refundación de la sabiduría humana del siglo XXI.

La Nueva Ciencia entrelaza la mente, el cuerpo y la conciencia como un proceso de experiencia viva y unificador de cognición, y con esta nueva perspectiva, una convergencia interdisciplinaria de ideas ha capturado al espíritu del siglo XXI.

El universo y la vida ya no son un concepto newtoniano mecánico que funciona como una máquina, tanto el universo como la vida hoy se analizan como un proceso de redes de energía, de vibraciones, de frecuencias, campos cuánticos y electromagnéticos, de resonancia, de conductividad, de una constelación inseparable de relaciones.

En la Nueva Ciencia, las culturas, las identidades, las pertenencias, el respeto y la dignidad humana, son todas son fluidas, dinámicas, complejas, no lineales, son todas abiertas y en constante evolución. La Nueva Ciencia es el resultado de la evolución de nuevos conocimientos, pensamientos y nuevas ideas, buscando desarrollar nuevas interacciones humanas cualitativas e inclusivas.

He definido, conceptualizado descrito la anatomía del nuevo pensamiento que emerge de la humanidad en los últimos 30 años como la Nueva Ciencia. Un nuevo pensamiento, una nueva práctica que es multidisciplinaria, multidimensional, multisensorial, un concepto integrador de nuevos fundamentos de la experiencia y de la conciencia humana.

Las bases emergentes de la Nueva Ciencia incluyen sistemas vivientes (Maturana-Varela, 1978), física cuántica, pensamiento cuántico (Bhom, 1980), ecosistemas (Capra, 2014), epigenética (Lipton, 2015), (Pelletier, 2018), (Maheu, Macdonald, 2011), neuroplasticidad (Doidge, 2008), (Merzenich, 2013), (Costandi, 2016), conciencia de la conductividad humana (González-Carrasco, 2017) y muchos otros científicos, autores proveniente de nuevas disciplinas emergentes, que evolucionan con rapidez, que se integran, fusionan e interactúan dinámicamente.

En la Nueva Ciencia nada está fijo, rígido, predeterminado, predestinado, preordenado, preprogramado, prediseñado. En la Nueva Ciencia todo es abierto, fluido, dinámico, evolutivo, infinito.

No estamos predestinados, no estamos preordenados, no estamos predeterminados por la identidad, dada por el pasaporte emitido por el Estado nación, ni predestinados por nuestros genes, ni por nuestro cerebro o nuestra mente, ni por nuestras huellas digitales. Nosotros somos dueños de nuestro propio destino.

González-Carrasco, C (2020)

La Nueva Ciencia del siglo XXI proporciona las bases para establecer que los seres humanos tienen la capacidad, el potencial y el poder para desarrollar nuevos tipos de convivencia humana de calidad, construir nuevas sociedades para el beneficio de todos y de nuestro planeta (González-Carrasco, 2017). En el siglo XXI, la humanidad ha comenzado su despertar de su histórico letargo, a buscar y cocrear una coexistencia humana nueva y de calidad, una nueva convivencia cualitativa y armoniosa con nuestro planeta.

La humanidad está optando por una nueva cultura de la vida, por la vida, para la vida, desarrolla nuevas formas de conciencia individual, de conciencia social, de sabiduría humana. Esta nueva transformación sociocultural va aumentando a un ritmo acelerado, particularmente en regiones y países donde bajo la falsa premisa de la pseudolibertad y la democracia **«los ganadores se llevan todo»**, se ha evaporado como un globo de aire caliente.

La fachada de las mentiras, el engaño, las máscaras, el camuflaje, la simulación, la niebla, la cortina de humo que históricamente han practicado las élites gobernantes están llegando a su fin. Los perdedores han despertado y han dicho BASTA a los abusos históricos y se han comprometido en una contienda para que el ganador no quede en la impunidad. Para que no haya más ganadores y perdedores.

No más silencio, no más aceptación, no más obediencia, no más pedir permiso, no más sumisión, no más a las injusticias y desigualdades sistémicas. La nueva energía vital emergente del 99 % en la población mundial es un tsunami, es un terremoto, es una feroz tormenta, es un huracán hirviendo. Es la nueva voz de los que fueron silenciados, de los que el siglo XXI han encontrado sus propias expresiones y ya tienen voz.

9.3. Conductividad Humana, nueva energía (e-motion) de la conciencia humana y planetaria

Está surgiendo una nueva sabiduría humana. Está evolucionando rápidamente y dando forma a un nuevo futuro que busca una nueva transformación y empoderamiento humano (Lipton, B, 2015). Nuestro camino es el de la sabiduría humana, de ir más allá del poder destructivo binario patriarcal, es pasar a la actividad multidimensional, de múltiples perspectivas, de multisensorialidad solidaria, de empatía y compasión humana.

- la energía en movimiento,

- la energía de la imaginación,

- la energía de la esperanza,

- la energía de la inclusión,

- la energía de la paz,

- la energía de la justicia,

- la energía de la transformación,

- la energía del pensamiento,

- la energía de las relaciones,

- la energía de la fluidez,

- la energía del empoderamiento humano,

- la energía de lo posible,

- la energía de dejarlo todo,

- la energía de soltarse de cualquier apego a los resultados,

- la energía de las acciones,

- la energía de lo nuevo que emerge,

- la energía de la sed de volver a rehumanizar,

- la energía vital de la profunda voluntad de ser mejores humanos,

- la energía del amor.

La acción de la ciudadanía no es confrontar el terror con terror, no involucrarse en la violencia sin sentido, no a la violencia con más violencia, de no responder a la brutalidad del Estado nación con mayor brutalidad. El Estado nación a través de los militares tiene el monopolio de las armas, de la fuerza y la respuesta sabia de la humanidad es la respuesta de la paz, de la paz con justicia, de la paz de ser como gotas de agua, como la lluvia que cae para llenar los ríos, los mares, una paz sabia, abierta, una paz en constante evolución.

Las conductoras(res), facilitadoras(res), formadoras(res), los moderadores(ras), las transformadoras(res) del nuevo cambio deben evitar de exponerse como un blanco fácil de la represión estatal. De estar consciente de la necesidad de evitar ser identificados como una sola unidad por el aparato represivo del Estado nación. Los agentes de transformación deben adoptar una modalidad sin forma, deben ser como el agua, como el mar, como el océano.

En contraste con la solidez de los aparatos represivos, los transformadores del nuevo futuro que emerge deben ser fluidos, creativos, flexibles, adaptables a nuevos procesos pacíficos de movilización social.

10
COVID-19: LOS MÁS RICOS SE HACEN OBSCENAMENTE MÁS RICOS

10.1. COVID-19: poderosas empresas globales y sus propietarios se hacen más ricos

Según el FMI, se espera que en 2020 la economía mundial se contraiga 4,4 %. La contracción más aguda en la historia moderna, arrojando a millones a la pobreza.

Al contrario de lo anterior, los multimillonarios de todo el mundo se han enriquecido más en comparación con 2019, según datos recopilados por el banco suizo UBS. La tendencia, observada en todas las regiones desde Brasil y China hasta Estados Unidos y Alemania, las cifras dan un indicio más de que la pandemia está actuando como un catalizador que profundiza aún más las desigualdades entre el 1 % y el resto del mundo.

Según un informe del Institute for Policy Studies, el patrimonio neto del director ejecutivo de Amazon, Jeff Bezos, aumentó en 73 000 millones de dólares entre mediados de marzo y mediados de septiembre de 2020, impulsado por sus participaciones de acciones en la empresa. Durante el mismo período, Mark Zuckerberg, director ejecutivo de Facebook, y Elon Musk, director ejecutivo de Tesla y SpaceX, cada uno disfrutó de un aumento de patrimonio neto de más de 45 mil millones de dólares cada uno.

En China, el vivero del mundo de gestar los superricos, 257 personas se convirtieron en multimillonarios este año. Los magnates establecidos del país no fueron menos afortunados. Jack Ma, fundador de la plataforma de comercio Alibaba, aumentó su patrimonio neto en un 45 % durante los últimos 10 meses. Ahora tiene un valor de 58,8 mil millones USD, según el Informe Hurun.

Los llamativos éxitos de los famosos multimillonarios son la mitad de la imagen que se proyecta. En general, la pandemia ha enriquecido a los ricos. Para muchos, la clave fue el consejo que les dieron sus banqueros desde el principio de la crisis: no venda. «Si entró en pánico y se agotó en febrero o principios de marzo, habría sido muy difícil volver porque el mercado se recuperó muy rápido», dice Nicole Curti, directora de riqueza y asesora de la rama suiza de Stanhope Capital. Durante la COVID-19, el enriquecimiento del 1 % se debe de analizar en el contexto del colapso de la economía mundial, la cual se sostiene en un estado permanente de gravedad, una economía en estado de coma, siguiendo tratamiento médico en una unidad de cuidado intensivo.

Según la Organización para la Cooperación y el Desarrollo Económico (OCDE), la economía mundial colapsará un 4,5 % este año a pesar de una rápida recuperación de la pandemia de COVID-19. La última perspectiva económica de la OCDE es menos negativa de lo esperado, pero la organización dijo que 2020 aún marcará la peor contracción del crecimiento desde la Segunda Guerra Mundial.

«Sin el apoyo continuo de los gobiernos, las quiebras y el desempleo podrían aumentar más rápido de lo justificado y afectar los medios de vida de las personas en los próximos años», advirtió la economista jefa de la OCDE.

Si la demanda no se recupera rápidamente, los sectores comerciales más afectados por el confinamiento como son el transporte, el entretenimiento y la recreación enfrentan cierres y grandes pérdidas de puestos de trabajo. Esto podría ser especialmente brutal en las economías de mercados emergentes, donde el aumento del desempleo genera directamente situaciones de pobreza y hambruna a millones de personas.

Los bancos centrales y los gobiernos de las naciones ricas y desarrolladas han desatado una ola sin precedentes de billones de dólares en estímulos fiscales y económicos para evitar los peores efectos de la pandemia. Sin el apoyo continuo de los gobiernos, las quiebras y el desempleo podrían aumentar más rápido de lo que se justifica y afectar los medios de vida de las personas en los próximos años.

A fines de 2020, vuelve a ser cuestionada por parte de la población la credibilidad de los gobiernos con la excepción de unos pocos (Nueva Zelanda, Senegal, Islandia, Dinamarca, Vietnam) de cómo los gobernantes que han manejado la catástrofe de la COVID-19. Mucho antes de que COVID-19 apareciera en la escena mundial, la pérdida de credibilidad de los gobiernos y las instituciones y los sistemas políticos ya eran un proceso histórico de colapso irreversible.

11
EL NUEVO DESPERTAR DE LA HUMANIDAD

Siempre emerge un nuevo despertar y siempre habrá un nuevo futuro. El desafío en el siglo XXI es saber cómo responder a las preguntas ¿cuál es el futuro que emerge? ¿De quiénes? ¿Por quiénes? ¿Para quiénes?

González-Carrasco, C (2020)

11.1. Despertar, desobedecer y transformar

La COVID-19 se ha convertido en uno de los principales catalizadores históricos que ha expuesto y dejado al desnudo el agotamiento del diseño dominante de control económico, sociocultural y político de la humanidad. La primera oleada de COVID-19 ha resultado ser la antesala del inicio de un proceso de transición que en 2020 ha evolucionado a una segunda oleada de infecciones que es superior a la primera fase y se perfila para alcanzar niveles mucho más altos en 2021.

Estamos en una nueva fase que la he definido como la COVID-21. En 2021, país tras país, gobierno tras gobierno, consideran el empeoramiento de las cifras de contagio y el aumento de las tasas de mortalidad. En Europa las cifras son alarmantes, en la región, los anuncios no han dejado de esperar; el gobierno de España declara el estado de emergencia, el gobierno de Bélgica declara el encierro nacional, lo mismo el gobierno francés, seguido por el gobierno del Reino Unido, un confinamiento nacional total de cuatro semanas hasta el

1 de enero de 2021, los gobiernos de Portugal e Italia aplican medidas similares, etc.

Todas estas medidas tienen el propósito de evitar, contener, detener, neutralizar, cualquier intento de la población de optar por un proceso de desobediencia civil, esto se debe a que las cifras actuales y el aumento de las tasas de mortalidad.

El período 2021 revelará una serie de tendencias que se han ido gestando en el período 2019-2020, entre la cuales podemos describir las siguientes:

- Incapacidad de los gobiernos para gestionar eficazmente el impacto de la pandemia, cuidar la salud y el bienestar de la población.

- Manipulación política, de los datos científicos de las estadísticas de salud y de las estrategias comunicacionales sobre el número de contagios y el número de seres humanos muertos.

- Despliegue de políticas económicas que favorecen a los millonarios y no al resto de la población, en donde la clase media es exprimida y empobrecida, y particularmente políticas que afectan directamente a los sectores más vulnerables.

- Pérdida de la credibilidad y confianza de la ciudadana en las élites políticas y económicas.

- Profundo malestar de los ciudadanos por problemas sociales y económicos históricos no resueltos que han sido agravados por la COVID-19.

- Descontento generalizado traducido en manifestaciones masivas de desobediencia civil en diferentes partes del mundo.

- Impacto negativo en la salud mental, emocional y psicológica de la población, traducido en ***altos índices de depresión, ansiedad, estrés, tensión, agobio, inseguridad, precariedad, fragilidad, incertidumbre y mortalidad.***

Todos estos factores sistémicos representan un cambio en la época en que vivimos, representan el agotamiento y el fin del ciclo de los modelos y diseños tradicionales patriarcales de dominación y control de la humanidad.

Gracias a las nuevas tecnologías y redes sociales se ha acelerado el acceso a la información y la comunicación masiva y extensa sobre hechos anteriores y se han generalizado los conocimientos y experiencias que los ciudadanos comparten en diferentes partes del mundo.

Estamos en tiempos nuevos, de postmodernidad, postindustrial, de postcapitalismo, donde las experiencias de los pueblos se transmiten y comparten casi de inmediato, y este nuevo fenómeno ha permitido que surjan, gestionen, desarrollen y organicen miles de grupos, comunidades y redes que buscan desarrollar una nueva conciencia colectiva para desalojar a las élites económicas, políticas y sociales del poder.

El año 2021 será visto como el año del nuevo despertar de la humanidad, donde en diferentes ciudades del mundo emergerá una manifestación masiva de desobediencia social, de rebelión social, de no aceptar las viejas leyes como las nuevas reglas de juego impuestas por los gobiernos, por los partidos políticos y los políticos profesionales.

El año 2021 se proyecta como el año del desarrollo colectivo de profundas transformaciones socioculturales que buscan la cocreación de un nuevo tipo de participación inclusiva en los procesos de toma de decisiones a todos los niveles.

12
EMERGE UN NUEVO FUTURO: LAS MUJERES Y LOS JÓVENES

El siglo XXI es el siglo de las mujeres, de la calidad y sabiduría femenina.

Vivimos en la época de la desintegración del proceso de civilización patriarcal de los últimos 6000 años. Será la peor catástrofe de la historia de la humanidad, pero saldremos adelante. Nosotros mismos somos quienes debemos de cocrear nuestro propio y nuevo futuro. «Las mujeres y los jóvenes jugaran un rol protagonista y transformador».

González-Carrasco, C (2020)

Uno de los grandes desafíos en el siglo XXI, es transcender los prejuicios, los estereotipos, las clasificaciones, categorizaciones y estratificaciones, tales como la cuestión de géneros y trascender las brechas percibidas y las barreras autoimpuestas entre la nueva generación y la vieja generación. Buscar el ir más allá de las diferencias de género, entre hombres y mujeres, entre razas y grupos étnicos y las diferencias culturales nacionales.

El desafío es trascender a un mejor y mayor nivel de empatía, de generosidad, de bondad, de compasión, de solidaridad y unidad humana, respetando la diversidad y la dignidad de cada ser humano. El desafío es trascender el binarismo exclusivo de las desigualdades e injusticias sistemáticas del patriarcado que han perdurado la violencia, la crueldad, la barbarie humana por más de seis siglos.

> ***Las mujeres y la generación más joven están siendo y serán los principales protagonistas del nuevo ciclo sociocultural del siglo XXI. Las mujeres son las que contribuirán en gran medida a generar nuevos fundamentos cualitativos sobre la coexistencia humana, en temas como; la paz, la justicia, el respeto humano, la dignidad humana, la calidad de vida y nuestra vida armoniosa con nuestro planeta.***

González-Carrasco, C (2020)

En el horizonte del siglo XXI, tanto las mujeres como los jóvenes aparecen como los principales protagonistas de la transformación sociocultural humana, pero su búsqueda se posiciona fuera del orden binario patriarcal existente, produciendo un doble quiebre sociocultural; uno de carácter de género y el otro específicamente generacional.

12.1. 6000 años de exclusión de la mujer

Platón y Aristóteles proclamaron que la naturaleza ordenaba no solo diferencias físicas entre hombres y mujeres, sino también las diferencias mentales, declarando que las mujeres eran incapaces de razonar, emocionales, incapaces de ser seres racionales y lógicas, y como tales, sometidas a los hombres y este ser, el «dueño de la mujer» (Platón y Aristóteles citas sobre mujeres 2019).

Esta noción grecorromana de que la naturaleza hace a las mujeres inferiores a los hombres ha resultado en la exclusión, discriminación, explotación, degradación histórica de la mitad de la humanidad. Esta asimetría binaria del poder patriarcal tuvo y tiene graves consecuencias para la paz, el respeto y la dignidad humana, la armonía humana, el respeto por la vida y el cuidado de nuestro planeta (Wollstonecraft, M, 1792).

Las sabias mujeres que continuaron con las tradiciones ancestrales fueron exterminadas por el cristianismo. Entre 80-90 millones de mujeres fueron asesinadas durante la Inquisición de la Iglesia católica (Giles, M, 1998, Walker, BG, 2008).

La «democracia griega» también excluyó a gente de piel negra, a los esclavos, los «filósofos democráticos» griegos dividieron, fragmentaron y separaron a los seres humanos en razas, en la supremacía de la raza blanca contra otras etnias y grupos raciales. Es en este contexto histórico, la raza puede ser definida como un concepto construido socialmente y que alcanzó un estado pseudocientífico (Bernal, M, 2019).

Lo mismo puede decirse sobre «el comercio de esclavos africanos e islámicos y la categorización que tuvo lugar para explotar a los negros, blancos y árabes también». El filósofo islámico Avicena (Ibn Sina) plantó las semillas de un materialismo radical que hoy todavía es relevante (Gutas, D, 2014).

Los filósofos griegos introdujeron las categorizaciones jerárquicas, las estratificaciones raciales, basadas en el color de la piel, sentando las bases para que otros «intelectuales ilustrados» como Carl Linnaeus (1707-1778), Françoise Marie Voltaire (1694-1778), Immanuel Kant (1724-1804), Johann Friedrich Blumenbach (1752-1840), Thomas Huxley (1825-1895), Charles Darwin (1809-1882), contribuyeron a establecer las categorizaciones dominantes del racismo biológico esencialista y las clasificaciones genéticas de los seres humanos.

La narrativa del siglo XVIII-XXI nos hace creer que estábamos libres de la esclavitud el trabajo de esclavitud subjetivamente tiene un valor libre, el concepto del trabajo tiene un precio de 1 hora a 0 hora (Foner, E, 2105), (Pontecorvo, G, 1969) y libre de racismo.

El racismo pseudocientífico es un sistema taxonómico de pigmentación de la piel (Berg, TD, 2019), está nutrido por legados históricos occidentales de la época imperialista, expansionista, colonialistas, que fomentan la esclavitud, el saqueo, la explotación, el prejuicio, el miedo, el desdén y el odio a las sociedades conquistadas.

Aplican el complejo de superioridad y pone a las personas que no se parecen a «los invasores blancos», como seres raciales intelectualmente inferiores. Esta práctica llegó a una espiral peligrosa, perjudicial, catastrófica, con consecuencias desastrosas para la paz humana y la justicia en nuestras sociedades (Rutherford, A, 2020) (Hill Collins, P, 1990).

En el siglo XXI, la exclusión de género, la esclavitud y el racismo aún prevalecen tan fuertemente como antes. La narrativa de la supremacía blanca y la ciencia racial han alcanzado un nivel desgraciadamente aceptable en el mundo político y académico (Saini, A, 2019).

El tema de la raza y de género es endémico en todo el mundo. Las sociedades tratan tanto a las mujeres y particularmente a las mujeres negras, y a grupos étnicos y raciales, como si sus vidas fueran menos dignas o valiosas que las vidas de los hombres blancos. La afirmación de que «la naturaleza y la ciencia» dotan al hombre de la narrativa que está empoderado por encima de las mujeres y que los blancos están por encima de los no blancos, es una práctica inmoral.

En 2019, La Tesis, un grupo de mujeres chilenas, se reunió fuera del edificio de la Corte Suprema en Santiago, Chile. Solo alrededor del 8 % de todas las violaciones de mujeres en Chile terminan con una condena. El canto abordó deliberadamente el fracaso del sistema de justicia para proteger a las mujeres. La actuación se tituló *Un violador en tu camino* (La Tesis, 2019).

La canción toma el patriarcado como la causa de la violencia contra las mujeres.

Un violador en tu camino (Colectivo La Tesis)

El patriarcado es un juez

que nos juzga por nacer,

y nuestro castigo

es la violencia que no ves.

El patriarcado es un juez

que nos juzga por nacer,

y nuestro castigo

es la violencia que ya ves.

Es femicidio.

Impunidad para mi asesino.

Es la desaparición.

Es la violación.

Y la culpa no era mía, ni dónde estaba ni cómo vestía.

Y la culpa no era mía, ni dónde estaba ni cómo vestía.

Y la culpa no era mía, ni dónde estaba ni cómo vestía.

Y la culpa no era mía, ni dónde estaba ni cómo vestía.

El violador eras tú.

El violador eres tú

Son los pacos,

los jueces,

el Estado,

el presidente.

El Estado opresor es un macho violador.

El Estado opresor es un macho violador.

El violador eras tú.

El violador eres tú.

Duerme tranquila, niña inocente,

sin preocuparte del bandolero,

que por tu sueño dulce y sonriente

vela tu amante carabinero.

El violador eres tú.

El violador eres tú.

El violador eres tú.

El violador eres tú.

12.2. Los jóvenes no pueden ser una generación desechable

A nosotros no nos van a callar.

Acabamos de despertar y somos la juventud, la generación Z, los que hemos salido a luchar por lo que merecemos como país

Perú: Generación del Bicentenario 2020

Únete al baile
De los que sobran
Nadie nos va a echar de más
Nadie nos quiso ayudar de verdad

«El baile de los que sobran», Los Prisioneros, Chile (1986)

Desde Perú, Puerto Rico, Hong Kong hasta Argelia, Iraq, Irlanda, Líbano hasta Chile, las generaciones jóvenes y las mujeres han dicho BASTA. Las personas más jóvenes están desenmascarando las injusticias históricas de un sistema roto que se ha deteriorado y se está derrumbando de manera violenta y brutal, pero aún no está muerto completamente.

La generación más joven no está preparada para seguir aceptando que nadie rompa y nadie quiebre sus más preciados sueños y aspiraciones. La generación joven y las mujeres y han ido más allá del miedo y el odio practicados por los sistemas binarios patriarcales de poder, la generación más joven ha ido más allá de las obsoletas ideologías destructivas que han prevalecido hasta el día de hoy.

La nueva generación y las mujeres están trascendiendo el sistema binario masculino exclusivo y han ido más allá de lo tradicional: edad, género, profesiones, clase, categorizaciones raciales, estratificaciones, clasificaciones y estereotipos. Esta es una generación para quienes la diferencia y el cambio son una experiencia constante. Diferentes rostros, diferentes voces, diferentes géneros, diferentes plataformas de redes sociales y un nuevo meme para dominar cada semana.

Los jóvenes constituyen la gran mayoría de los usuarios de las redes sociales, comenzaron a usar los productos digitales para expresar su profundo descontento que nace de sus experiencias cotidianas, que surgen de las experiencias cotidianas de vivir de un sistema injusto y abusivo, un sistema que los coloca en una posición de fragilidad, una precariedad que expone a la generación más joven a deudas educacionales, profesionales e individuales masivas, al desempleo, a un futuro incierto y sin esperanzas, un sistema que anulan a los jóvenes de empoderarse para asegurarse un futuro viable.

Los jóvenes son testigos de cómo una y otra vez las élites gobernantes les aplastan sus sueños y sus aspiraciones. La generación más joven se volverá cada vez más fluida, no binaria; en su concepto de clase, género, raza, preferencias sexuales, edad e idioma. Una nueva generación que también ha alcanzado su mayoría de edad durante una época de luchas políticas y protestas generalizadas en todo el mundo. Todos los días participan y se involucran con movimientos sociales, de género y socioculturales que se han extendido rápidamente en los últimos cuatro años, los jóvenes saben lo que está sucediendo, ellos viven dichas experiencias a través de su participación en los canales de las redes sociales.

Los jóvenes y las mujeres son los protagonistas de los principales movimientos socioculturales y juntos tienen que lidiar con temas difíciles como el femicidio, las violaciones y la violencia contra las mujeres, la pobreza, las desigualdades, las injusticias, el medio ambiente, la raza, el sexo, el crimen, la guerra, la destrucción y el abuso, estos son problemas muy profundos que enfrenta humanidad, y estos han impactado significativamente y han ido dejando unas huellas dolorosas y desagradable que han marcado la mente de los jóvenes.

La generación más joven es mejor educada. Es lo suficientemente inteligente como para ver a través del camuflaje, la niebla de la vida; ven que la fachada se ha roto, son capaces de desenmascarar la falsificación, han atravesado la cortina de humo y se desconectan de la simulación de poder. Los jóvenes tienen claro sobre el tipo de engaño histórico al que han sido sometidos sus padres y madres. La generación joven ha comenzado a buscarse su propio futuro.

13
SIN PEDIR PERMISO, SIN LÍDERES Y SIN IDEOLOGÍAS, TODO ES POSIBLE

Nadie, ni menos las élites, de derecha ni de izquierda pueden darnos nuestra libertad ni la democracia. No tenemos que pedirle permiso a nadie, la ciudadanía misma puede y debe por sí misma desarrollar nuevas formas de convivencia humana.

El futuro de la sociedad debe estar en las manos de la sociedad civil en su conjunto. Las élites políticas nunca nos salvarán de nada, solo están interesadas en sus propio intereses y avaricia, la ciudadanía debe de actuar de forma conjunta, estar unida para cuidar de nosotros mismos y de nuestro planeta.

González-Carrasco, C (2020)

En el epicentro del colapso sistémico se encuentra la profunda desintegración del liderazgo patriarcal, la desintegración de la confianza, credibilidad, legitimidad y respeto hacia los líderes, así como hacia el Estado nación arcaico, jerárquico y paternalista del siglo XVIII, de sus instituciones, de la incompetencia y la corrupción de partidos políticos y políticos profesionales.

Estos últimos han actuado como el escudo protector, como los guardianes de las élites financieras, monetarias y corporativas empresariales y como la muralla de los vérdaderos dueños del poder económico global y local.

La ruptura del liderazgo patriarcal representa el colapso de las prácticas corrosivas, ilícitas y corruptas de los multimillonarios mundiales, de los oligarcas, de los cleptócratas, de la plutocracia (Nielsen, J, 2004).

La desconfianza en el sistema monetario, financiero y económico en donde los bancos ya no confían en otros bancos, en donde el pueblo no confía en los bancos, ni tampoco de los fondos y administradores de pensiones, de las autoridades financieras.

La evolución sin líderes llegó para quedarse. En el XXI las personas, la ciudadanía, tomarán el poder actualmente en manos de las élites corruptas y cambiarán nuestras sociedades (Carne, R, 2012).

El colapso sistémico de la civilización del poder binario no es solo una crisis del liderazgo patriarcal, o una crisis de gobernabilidad, de responsabilidad social o transparencia, sino que también es una oportunidad única para ir más allá de las prácticas binarias de *líderes y seguidores*, para ir más allá del sistema binario ideológico-político *de la derecha y de la izquierda*, del *capitalismo y socialismo.* Ir más allá de las políticas de identidad fija, ir más allá de los nacionalistas y populistas. Para ir más allá de las abismales desigualdades entre ricos y pobres, los inaceptables niveles de pobreza.

La confianza de la ciudadanía en los líderes se ha quebrado. El sistema dominante de liderazgo patriarcal ya no se acepta como si fuera algo natural, lógico, racional y universal.

González-Carrasco, C (2020)

El surgimiento de los nuevos ciudadanos digitales del mundo significa que una nueva generación de ciudadanos ha optado por una respuesta sin líderes. Esta es una opción mucho más sabia que cualquier práctica binaria humana anterior.

Es una opción más difícil, ya que las prácticas sin líderes nunca han sido puestas a prueba como un esfuerzo social, cultural y político. Sin embargo, el liderazgo sin líderes es una práctica emergente que se lleva a cabo entre la generación más joven de todo el mundo (Brown, N, 2013).

Se les hace casi imposible a las élites gobernantes negociar desde una posición de poder directo, de poder negociar con el nuevo movimiento sociocultural, el cual tiene un formato de no tener líderes visibles. Para las élites gobernantes le es mucho más difícil negociar con una formación sin líderes.

La demanda más importante del nuevo movimiento social es tener negociaciones abiertas, transparentes y auditables con las élites dominantes, donde todas las negociaciones deben transmitirse en vivo por televisión nacional, radio y redes sociales, y almacenarlas y mantenerlas en un repositorio de archivos digitales, en un depósito histórico.

Para permanecer permanentemente en el poder, las élites gobernantes buscan negociar con los parlamentarios existentes, los autodenominados legítimos representantes del poder y quienes tienen la autoridad de tomar decisiones, con los políticos profesionales de carrera, que operan dentro de las estructuras políticas existentes, tales como el parlamento local, el congreso y las cámaras de senadores y diputados.

Los políticos profesionales afirman ser los únicos en el poder, y como «representantes elegidos democráticamente», son los únicos con el poder de encontrar una salida a la debacle social, económica, política y constitucional. Estos políticos profesionales monopolizan el poder a través de sus partidos políticos, de las instituciones políticas del Estado nación.

Sin embargo, cuando la población rechaza sistemáticamente a la élite política, como es el caso de Chile en el plebiscito del 25 de octubre de 2020, los políticos profesionales, independientemente de sus ideologías y partidos políticos, todos se unen para proteger sus intereses y privilegios y actuar de manera colectiva. Se unen como un todo para que los ciudadanos no puedan redactar de forma independiente y soberana su propia constitución. Estos políticos profesionales no solo no respetan la soberanía de la ciudadanía, sino que ellos e unen para impedir cualquier tipo de participación inclusiva y directa de la ciudadanía en el proceso de toma de decisiones.

La política del siglo XVIII-XXI se basa en el poder monopólico de los partidos políticos, de los políticos profesionales imponiendo jerárquica y legalmente sus dictados que vienen de arriba abajo, de la jerarquía machista, que surge de arriba, entre los ganadores, por los ganadores, para los ganadores.

González-Carrasco, C (2020)

Las ganancias políticas son para quienes controlan y tienen el poder de negociar y acordar entre ellos mismos a puertas cerradas, adjudicándose que son los únicos representantes legítimos, creíbles, y facultados para tomar decisiones legítimas y resolver los «problemas» de la sociedad.

Esta narrativa se agotó, ya no funciona. La transformación sin líderes significa que los líderes y seguidores no negocian nada, y nada se negocia a puerta cerrada. La rima de las ovejas serviles, de seguidoras que obedecen al dueño, que las controlan y dan las órdenes de arriba abajo se acabó. El comando jerárquico de arriba abajo ha terminado, el liderazgo de arriba abajo ha terminado para siempre.

La evolución de la transformación sin líderes significa que ya no hay escenarios para que los políticos profesionales tradicionales hablen o usen una plataforma para que los partidos políticos se tomen la palabra, que hablen y que ellos se adjudiquen la voz de la gente.

En esta evolución sin líderes, la gente habla con sus propios pies, al salir a tomarse la ciudad, a ocupar las calles de manera pacífica y alegre, para expresar su descontento, que ha arrastrado por toda una vida, una ira histórica, una furia y un resentimiento psicológico histórico que se ha transmitido de generación en generación.

Las demandas de los cambios necesarios para llevar a cabo la transformación de la sociedad se realizan pacíficamente con alegría, con energía. Desafortunadamente, estos actos pacíficos terminan enfrentando la violencia, la represión, perpetuada por los agentes del Estado nacional.

El proceso transcultural-social del siglo XXI es un cambio fundamental de la calidad de la información y del conocimiento sociocultural. Es un proceso de transformación humana donde las ideologías dominantes existentes no desempeñarán ningún papel en la búsqueda de nuevas formas cualitativas de coexistencia humana y en nuestra convivencia armoniosa con nuestro planeta. El tema de la calidad de la convivencia humana ha superado y ha ido más allá de las ideologías destructivas fanáticas y obsoletas.

14
EL DERECHO DE VIVIR EN PAZ

Los estudiantes no los dejarán dormir si ustedes no los dejan soñar

(https://www.youtube.com/watch?v=hHwIqQREIuQ, 2020)

El sistema jerárquico binario patriarcal es un sistema que se basa en una cultura humana de la destrucción, de la autodestrucción, de la adicción a la violencia, la crueldad, las guerras brutales, el terror y el horror, todo lo cual ha sido organizado, planeado, financiado y ejecutado como una carnicería humana inimaginable.

En el XXI buscamos una nueva cultura humana, un nuevo pensamiento holístico cualitativo, una cultura cualitativa de la vida, por la vida, para la vida. Las formas más profundas de transformación socioculturales de sabiduría humana serán **PA-CÍFICAS.**

El derecho de vivir en paz (Artistas chilenos, 2019, original de Víctor Jara)

El derecho de vivir

Sin miedo en nuestro país

En conciencia y unidad

Con toda la humanidad

Ningún cañón borrará

El surco de la hermandad

El derecho de vivir en paz

Con respeto y libertad (libertad)

Un nuevo pacto social

Dignidad y educación

Que no haya desigualdad

La lucha es una explosión

Que funde todo el clamor

El derecho de vivir en paz

Con respeto y libertad,

y un nuevo pacto social, que no haya desigualdad

Los estudiantes no los dejarán dormir

 si ustedes no los dejan soñar

Es la paz nuestra canción

Es fuego de puro amor

Es palomo palomar

Olivo del olivar

Es el canto universal

Cadena que hará triunfar

El derecho de vivir en paz

Es importante ilustrar el caso de América Latina. Históricamente, durante siglos, los pueblos de América Latina, desde un principio, han sido sometidos a la forma más espantosa de exclusión, humillación, violencia, brutalidad, abusos, asesinatos, crímenes, corrupción, destrucción y degradación, en un continente donde la vida de un ser humano es fácilmente desechable. *Los de abajo y los que sobran* (Los Prisioneros, 1986) (El Hoyo, Massague, I, 2020).

Las élites gobernantes, los historiadores, los partidos políticos, los políticos profesionales prefieren ignorar y en lo posible gratuitamente borrar la historia social y cultural de los pueblos. Solo la historia oficial del Estado nación es la única que tiene validez. Hablando de forma acumulativa e histórica cada generación ha heredado el dolor, el miedo, la rabia, la ira, el odio, el resentimiento, la exclusión, la marginación, la privación de derechos, la violencia, el abuso, desplegada por las élites gobernantes para preservar el poder y sus privilegios.

Pero las élites gobernantes no se conectan con la historia sociocultural de los pueblos, las élites se autoexcluyen y se encierran para vivir en su propia historia, la historia oficial dominante, y les sorprende cuando surgen oleadas de rechazo popular a sus prácticas de dominación.

Históricamente, las élites gobernantes latinoamericanas y los partidos políticos han sido y siguen siendo totalmente adictos a la corrupción. Se puede decir que históricamente en América Latina ha habido una pandemia devastadora, esta ha sido la pandemia de la corrupción y de la violencia.

Contrario a la eficiencia y productividad que dicen practicar, las élites son expertas en derroche, fraude, nepotismo, violencia, crueldad, la brutalidad de la represión y el terror de las fuerzas represivas del estado.

Esa es la misma violencia, brutalidad y destrucción que los perdedores desean (hablando materialmente) infligir a los ganadores. Los verdaderos dueños de los países latinoamericanos son ciegos e inmunes, y su nivel de arrogancia no les permite considerar este fenómeno de violencia y destrucción por parte de los perdedores.

Este sistema binario es un terreno fértil para que los grupos antagónicos y polarizados participen formas extremas de brutalidad y abusos. Tristemente, toda esta destrucción y violencia es aceptada como parte de la farsa de la pseudolibertad y la democracia.

La violencia ejercida por minorías extremistas es utilizada política e ideológicamente por las élites gobernantes para desplegar la narrativa de decir que las manifestaciones pacíficas son parte de la violencia, con el fin de desacreditar y, sobre todo, evitar, detener el descontento social y de no llevar a cabo los cambios y la necesaria transformación humana de sus sociedades.

A pesar de este brutal precedente, un número creciente de ciudadanos de diversos orígenes, que representan a un gran sector de la población, han optado implícitamente por ponerse de acuerdo y unificarse en la acción ciudadana cívica, uniéndose en un movimiento sociocultural para tomar las calles para manifestarse y expresarse pacíficamente.

Reclamar la propiedad de las calles de un espacio territorial específico es un comienzo positivo, pero por supuesto insuficiente. Este despertar es una autoconvocación de la sociedad para reunirse para desobedecer, rechazar, resistir, rebelarse de manera pacífica ante el condicionamiento histórico de la generación anterior, la cual ha vivido y se ha mantenido con miedo, traumatizados, pasivos, sin voz y silenciados.

Las acciones civiles y pacíficas de los ciudadanos representan el quiebre más profundo de la confianza, la credibilidad y la legitimidad de las élites patriarcales gobernantes y de sus instituciones que han sido responsables de los atroces abusos, de la impunidad con que han actuado y que han tenido lugar durante más de doscientos años.

En el caso particular de Chile, los cuarenta y seis años de capitalismo fanático han sido la última gota en toda una historia acumulativa de más de doscientos años de abusos, impunidad, corrupción, engaño, derroche, fraude, violencia, brutalidad, que los pueblos latinoamericanos han aguantado por siglos.

En Chile, en octubre de 2019, cuando los chilenos salieron a la calle por millones, este acto fue uno de los eventos históricos más importantes y jamás vistos en la capital chilena y en el resto del país.

El despertar chileno no es solo cuestionar el sistema cívico-militar liberal-capitalista brutalmente impuesto en la década de 1970 y/o de cuestionar al gobierno actual, sino que fue para rechazar, y rebelarse contra todo un sistema corrupto que ha prevalecido en el país durante muchos siglos.

Vivimos en un sistema de control humano basado en la discriminación, la exclusión, la explotación, la falta de respeto, donde unos pocos viven en universos paralelos y desde su pedestal degradan, y humillan a su propia gente quienes ellos consideran los desechables y perdedores. Al mismo tiempo usurpa, despoja y destruye los bienes naturales, como la privatización del agua, por parte de grandes empresas transnacionales y locales produciendo un ecocidio de los bienes que deben de pertenecer a la humanidad (Mundaca, R, 2014).

La rebelión social en Chile no se trata de lo que sucedió luego del establecimiento de una brutal dictadura cívico-militar en 1973, o contra sus consecuencias posteriores, como sostienen algunos «expertos» en defensa de la «democracia» postdictadura, esto es visceralmente un colapso histórico de la farsa y la estafa democrática que pertenece a la misma historia de Chile.

Lo mismo ha ocurrido en el Perú en noviembre de 2020, donde el estallido social generado por los jóvenes peruanos logró la salida de dos presidentes en una semana. «La generación del bicentenario está dando el ejemplo en las calles», dijo la exministra de Economía del Perú, María Antonieta Alva.

En ese contexto, estallado el conflicto en Perú, quienes repletaron las calles fueron en su mayoría de la nueva generación, los jóvenes que antes no se habían involucrado en política. Los jóvenes peruanos han despertado y «no una generación que sabe conjugar el disparador de la protesta, que es la indignación generalizada por una clase política muy desprestigiada y débil, pero que también conjuga las formas de territorializar el conflicto o la protesta» (Noelia Chávez, socióloga de la Pontificia Universidad Católica del Perú).

Los jóvenes peruanos se sentían y se siente traicionados, desechados, excluidos, por la clase política que ha gobernado el Perú por mas de dos siglos. Los jóvenes peruanos, al igual que los jóvenes chilenos, aceptan la imagen de decir «acabamos de despertar y somos la juventud, la generación Z, los que hemos salido a luchar por lo que merecemos como país».

Los sectores más desfavorecidos, marginalizados y excluidos en las sociedades latinoamericanas, la generación Ni-Ni (ni educación-ni empleo) (Barbería, JL, 2009). Los jóvenes en particular han sido negativamente afectados, dañados, traumatizados irreversible y profundamente (psicológica, emocional, social, cultural, educativa, económicamente), ellos han sido los que sobran, los eliminados, los desechados por las élites gobernantes y tratados como basura.

Estos jóvenes quieren producir el mismo nivel de daño a quienes ven como sus opresores. Esto también es un resentimiento histórico y una rabia acumulada contra los símbolos del poder materialistas de las élites gobernantes.

Una minoría de jóvenes y grupos marginados por las élites, optaron por la violencia, como una salida a sus terribles condiciones de vida, sus actos de violencia son irresponsables, sin sentido y están totalmente equivocados.

Estos jóvenes siguen la narrativa de «**ustedes (el sistema) han destruido mi vida, y yo también tengo todos los derechos para destruir todo lo que simboliza tu poder**».

Estos sectores marginados tienden a destruir los símbolos materiales de la opresión, en lugar de ser los agentes de nuevas alternativas para el cambio. Estos sectores que practican la violencia no son agentes de transformación, ni tampoco aportan nada a la búsqueda de nuevas formas de calidad en la convivencia humana.

Las élites gobernantes están en total negación de esta realidad histórica. Se han beneficiado de su sistema durante siglos y no les importa y no escuchan nada, a lo sumo fingen hacerlo, de hecho, utilizan los medios que controlan para desacreditar perversamente el carácter pacífico de millones de ciudadanos que realmente demandan profundos cambios sociales y nuevos marcos legales constitucionales e institucionales.

Sus medios de comunicación tanto de la derecha y de la izquierda gastan millones en desplegar una narrativa negativa, para descalificar, criminalizar y, cuando sea posible, prohibir cualquier expresión que surja de la gente que cuestiona el modelo económico del «libre mercado», sus formatos y prácticas corruptas de sus empresas y de sus negocios, sus políticas del fraude, de compra de votos, del financiamiento ilegal de los políticos por el sector corporativo.

El desprecio total al rol de Estado para asegurar que los bienes naturales se administren como un derecho humano, como un derecho planetario. Las élites gobernantes, el Estado nación y sus administradores son los que planifican, desarrollan y ejecutan actos de violencia, vandalismo y destrucción sin sentido, para crear un estado de caos y hacer de la violencia la única narrativa para que las minorías social y política de las élites pedir la intervención histórica de las fuerzas armadas para garantizar el control y el orden nacional.

La gran mayoría de las personas, las mujeres, los grupos comunitarios y el pueblo buscan pacíficamente de encontrar sus propias soluciones, declarar su propia soberanía ciudadanía y establecer formas de autodeterminación para encontrar una nueva salida a esta abusiva historia.

La gran mayoría de la ciudadanía ha optado por ocupar el único espacio que les pertenece, es decir, la propiedad de un espacio territorial (las calles, los barrios, sus vecindades) donde pueden expresar abiertamente su voz y su pensar. Pero también hay minorías que cínicamente argumentan y rechazan que el optar por una transformación pacífica es un esfuerzo inútil.

Las preguntas claves que se deben de hacer son: ¿Todos han aprendido las lecciones de la historia real de los pueblos? ¿Seguirán con la odiosa y violenta polarización ideológica y antagónica? ¿Volverán las élites gobernantes a optar por usar a los militares, a la policía militar, a sus servicios de inteligencia y sus matones pagados para provocar el caos y cometer los actos más violentos de represión, y optar por masacrar a su propia gente?

Hasta ahora, las élites gobernantes continúan haciendo lo que hicieron en el pasado, utilizando la represión, la brutalidad, la violencia, el abusar de los derechos humanos, declarar la GUERRA contra su propio pueblo.

Su fanatismo significa que no han aprendido nada de la historia, están en completa negación, tratan a su gente con desprecio, desdén, como basura desechable, peor aun, usan el miedo y el terror para amedrentar y despojar a su propia gente de sus derechos fundamentales, como el marchar pacíficamente en las calles.

En el siglo XXI los ciudadanos conscientes optan por valorar la paz en lugar de la destrucción. En Chile como en el Perú, por ejemplo, el problema no se trata de ideologías obsoletas. No se trata de la ideología de derecha o la ideología de izquierda, sino que *es un nuevo despertar de la conciencia colectiva y social, de la gran mayoría de la ciudadanía que quiere paz con justicia. Una sociedad socialmente justa y ecológicamente segura.*

15
AUTOORGANIZACIÓN Y AUTORREPRESENTACIÓN

15.1. Corruptocracia y el fin de las democracias representativas

Los únicos responsables del colapso de la pseudodemocracia son los mismos políticos que abusaron con impunidad de un sistema exclusivo que solo favorece a las élites gobernantes tanto de derecha como de izquierda, que beneficia a la maquinaria administrativa y burocrática y a todos los partidos políticos que controlan la toma de decisiones jerárquica de poder.

Ellos, los políticos incompetentes cuyo propósito principal que tienen es el de ser elegidos o reelegidos cada cuatro o seis años, peor aun siendo cómplices de las grandes empresas globales y de las oligarquías locales que se devoraron el proceso de la pseudodemocracia y dejando al descubierto cómo en la práctica no existe la democracia que ellos mismos dicen defender.

La libertad y la democracia representativa del siglo XVIII fue y es la farsa y la estafa más grande de todos los tiempos, es la creencia de la existencia de la simetría democrática, donde supuestamente somos seres libres porque tenemos derecho universal a votar, a tener un voto y un voto es el equivalente a ser un «ciudadano libre y democrático» y de tener igualdad ante la ley y Dios.

Un ciudadano «libre», con su voto «libre», se contabiliza como un voto que es igual a cualquier otro voto libre, de cualquiera otra persona, sin considerar el carácter del poder de los individuos, de la riqueza y del control que estos ciudadanos tienen sobre la maquinaria mediática y en particular el control que ejercen estos ciudadanos sobre del sistema político.

Hoy en los albores del siglo XXI tanto la democracia representativa y la pseudolibertad de la época del liberalismo del siglo XVIII están en un proceso de caída libre. El siglo XXI representa el agotamiento, el colapso, el fin, del modelo liberal republicano de las democracias representativas en el que los políticos profesionales tienen el monopolio de cómo se gestiona y desarrolla una sociedad.

Nunca hemos vivido en democracia, hemos vivido en la fantasía de la **«partidocracia», «politicocracia», «democradura»** (democracia para las oligarquías y las élites gobernantes y dictadura para la gran mayoría de los ciudadanos). Ante la amenaza de ser destituidos y rechazado por la ciudadanía, entonces la «partidocracia» de derecha y de izquierda se unen como una sola y única fuerza para defender sus mezquinos intereses políticos, manipulando y controlando cualquier intento de participación inclusiva y directa por parte de los amplios sectores de la ciudadanía.

15.2. Colapso del dogma de la vaca sagrada de la democracia representativa del XVIII–XXI

No es el pueblo el que ha destruido el fraude de la democracia representativa del siglo XVIII, sino que son los mismos partidos políticos y políticos profesionales los que han desacreditado y destruido su propio sistema político del cual ellos se benefician de forma abusiva y con impunidad. Es su propia corrupción, impunidad y abusos engañosos los que han provocado el colapso de la narrativa del dogma de la vaca sagrada de la democracia.

En el siglo XXI vivimos en la ilusión de la **telepolítica**, de la **política del espectáculo**. Vivimos en la sociedad de la farándula, del espectáculo sintético televisivo, de la **farandulacracia**, donde llegan los políticos a la televisión muy bien preparados, con un discurso comunicacional y operacional para atacar, desprestigiar y destruir a sus adversarios y capturar temporalmente a la audiencia que goza de dicho espectáculo. Vivimos en un sistema donde la sociedad está organizada como un engañoso espectáculo, una fantasía e ilusión política.

La **espectaculocracia** es la organización de la sociedad por parte de los medios comunicacionales que se dedican a descalificar y destruir los objetivos políticos, a plantar la desconfianza por parte de la audiencia sobre quienes cuestionan al sistema.

En la sociedad del espectáculo no se trata buscar soluciones a los temas que realmente son de relevancia a la sociedad, tales como la salud, las pensiones, la educación, el trabajo, la economía, la corrupción, la impunidad, el abuso de las élites.

Se trata de anestesiar la mente de la población, de que entre en un estado de amnesia, que se convierta en consumidores zombis de la farándula política, para que viva en una especie de ebriedad de la ilusión de una sociedad de la abundancia material, cuando en realidad la sociedad está envenenada, deshumanizada y se está autodestruyendo.

El **dogma de la vaca sagrada de la democracia representativa del XVIII-XXI está colapsado**, hoy predomina la **encuestacracia, la ratingcracia,** derivada y producto de las tasas y porcentajes de aprobación o rechazo que se obtienen de las muestras de las encuestas.

Vivimos de la dictadura de los ratings publicados por las agencias «especialistas» que realizan encuestas para producir informes al borde del surrealismo político. Sin considerar el carácter ilegítimo de sus prácticas antidemocráticas, los gobiernos recurren a las encuestas para permanecer en el poder y gobernar.

Hemos vivimos en la historia de la pandemia de adicción a la corrupción *(la corruptocracia)* de la pseudodemocracia, la degradación, la autodestrucción de un sistema caduco que pertenece exclusivamente a los políticos tradicionales que solo desean usar las instituciones para el beneficio partidario y personal.

Sin distinción alguna las élites políticas, los partidos políticos, están todos de acuerdo en proteger, preservar y dar continuidad a un sistema perverso del poder patriarcal. Las élites políticas totalmente desacreditadas, se han degenerado, se han desacreditado con sus prácticas de corrupción, abuso e impunidad.

Los siguientes factores sistémicos han contribuido a la crisis de las democracias representativas occidentales:

- Pérdida total de la confianza en las élites políticas de todo tipo

- Las nuevas generaciones no creen en el *status quo* de los partidos políticos

- Las nuevas generaciones no creen en el *status quo* de los políticos profesionales

- Cuestionamiento y rechazo a la «legitimad» democrática

- Uso de la represión brutal contra la sociedad civil

- Surgimiento de la autoorganización y autorrepresentación ciudadana

- Contexto global del colapso de la democracia representativa

Los **«honorables»** políticos profesionales no tienen ninguna brújula ética, ni moral, ni menos espiritual, se han convertido en robots binarios donde calculan todo de forma transaccional, los políticos profesionales han perdido toda la capacidad y credibilidad de ser entes transformadores y son ellos mismos los que impiden la necesaria transformación que necesita la humanidad.

Los políticos profesionales se han convertido en la barrera en la muralla más poderosa, el obstáculo más difícil, el muro de rechazo a cualquier tipo de transformación sociocultural de la sociedad, ellos conscientemente tratan por todos los medios de esconder las llaves para que la población no pueda informarse, conocer y abrir los candados de la opresión.

Ellos mismos han creado las condiciones para el colapso de su «corrupto-democracia». En el siglo XXI los ciudadanos ya no creen en la política, los ciudadanos ya no creen en los partidos políticos, ni en los políticos profesionales que cada día actúan egoístamente utilizando el poder que les otorga el marco legal y constitucional del Estado nación de los siglos XVIII-XXI para proteger sus intereses, para profitar y beneficiarse económicamente a través de sus partidos y de su estatus y redes políticas.

Los políticos profesionales participan en el espectáculo de la farandulacracia digital del siglo XXI. Ellos son los profesionales digitales de la twittercracia, de facebookcracia, instagramcracia, del whatsappcracia.

González-Carrasco, C (2020)

15.3. Nueva Ciencia XXI, «somos responsables de nuestra propia transformación»

En el siglo XXI, la nueva energía desatada por los ciudadanos del mundo es un tsunami, un terremoto, un huracán, es una descarga electromagnética masiva e imparable, es un todo sistémico y cósmico irreversible. En el nuevo despertar de la humanidad, los ciudadanos buscan y quieren una participación directa en sus intereses y aspiraciones.

Los ciudadanos ya no desean ni quieren pedir favores o permiso a los agentes políticos para realizar las transformaciones de la conciencia humana y desarrollar una nueva sociedad de paz y justicia. En el siglo XXI asistimos a un proceso de transformación sociocultural y empoderamiento ciudadano, la refundación del concepto de sociedad, gobernabilidad, de gobernanza y participación inclusiva.

La Nueva Ciencia proporciona nuevas condiciones evolutivas que permiten a la humanidad alcanzar niveles más profundos de conciencia y sabiduría humana. El liderazgo patriarcal de más de seis siglos está en proceso de deterioro terminal.

La gran diferencia entre los sistemas impulsados por conductas centralizadas o patriarcales y jerárquicamente dirigidas y los sistemas autoorganizados es que en estos últimos no hay líderes.

En sistemas que exhiben un comportamiento piramidal centralizado, donde hay un líder, todos se mueven de la misma manera que el líder se mueve. El líder define y dirige el orden del grupo, la acción debe ser definida por el líder. Este es un proceso organizacional, es un proceso sociocultural binario, linear, secuencial, exclusivo, es un proceso mecanicista y machista.

A diferencia de un sistema sin un líder, la verdadera firma e identidad de un grupo autoorganizado es la respuesta basada en soluciones compartidas que emergen de las conversaciones entre los miembros del grupo. Esta respuesta colectiva resulta en la aparición de un comportamiento sistemático de unidad, de autoorganización.

En la Nueva Ciencia, la autoorganización de un sistema o de un superorganismo viviente único es el que resulta de una red de muchos individuos (partes) que logran actuar de conjunto cuando logran acordar y compartir un lenguaje y acción mutua.

El fenómeno de la autoorganización es una prueba de cómo la naturaleza y los seres humanos están interconectados e interdependiente. La calidad de la conectividad y conductividad consciente entre los miembros de una familia, de amistades, vecinos más cercanos es esencial para que exista un comportamiento emergente de un grupo, de una comunidad.

Una buena metáfora para comparar el sistema jerárquico de organización del poder de ganadores y perdedores y un nuevo sistema de organización social basado en la Nueva Ciencia es la representación piramidal del poder exclusivo del 1 % y la organización basadas en círculos de ondas de agua. Esta metáfora representa la formación fluida de ondas de agua donde las gotas de agua que caen en los océanos forman mares humanos en forma de círculos de ondas de agua, que representan círculos de conversaciones ciudadanas sin líderes. La transformación de las jerarquías de poder se da de abajo arriba sin líderes, sin ideologías, de autoorganización y autorrepresentación (Beck, M, 2020).

La Nueva Ciencia nos da la plataforma científica que dice nuestro futuro está en nuestras propias manos y particularmente está en manos de las próximas generaciones. Nosotros somos los principales agentes de nuestra propia transformación y empoderamiento. En los albores del siglo XXI emerge una oportunidad única para embarcarnos en un profundo proceso de transformación sociocultural y de empoderamiento humano, un profundo proceso de rehumanización.

Hemos establecido los cimientos y la capacidad de transitar a un nuevo pensamiento, nuevas creencias, nuevas percepciones y nueva conciencia individual y colectiva. La humanidad ha entrado en una nueva era, a una nueva etapa de conciencia, desarrollando formas completamente nuevas de estructurar y administrar nuevas organizaciones.

En el siglo XXI se logran avances extraordinarios en estos procesos de transición, particularmente el buscar nuevas formas de colaboración, nuevas acciones de cooperación, comprender la necesidad de una electividad inclusiva, usar un coaprendizaje innovador, un cambio en la conciencia organizacional de grupos y comunidades (Laloux, F [2014]).

Tenemos todo lo necesario para autoorganizarnos, autorrepresentarnos y autoliderar, para ejercer nuestra propia soberanía ciudadana, para garantizar «calidad» en todo lo que queremos hacer; nuevas prácticas ecosustentables, estándares éticos y cultura empresarial, en nuevas instituciones y organizaciones, un nuevo proceso político participativo e inclusivo, introduciendo calidad y sabiduría en nuestra vida sociocomunitaria.

González-Carrasco, C (2020)

Los movimientos sociales tienen una comprensión profunda del papel de las ideologías binarias, ideologías polarizadas como el comunismo y el capitalismo, ambos son sistemas patriarcales de poder de los líderes financieros, líderes y élites gobernantes y la falsa narrativa que promueven ambas ideologías donde ellos se adjudican la representación del pueblo en un gobierno y declaran que el gobierno es del pueblo, por el pueblo, para el pueblo.

Esto es un vulgar engaño y el gobierno es del partido o la coalición política que gana y se lo lleva todo. Dichos gobiernos nunca han sido del pueblo. Esta narrativa de la democracia representativa del siglo XVIII-XXI está agotada y en caída libre.

En todas sus expresiones, los movimientos sociales pueden y logran desenmascarar el funcionamiento y las prácticas institucionales corruptas; de los jueces, de los partidos políticos, de los políticos profesionales, los cuales declaran los únicos representantes legítimos del pueblo.

Desde 2018 hasta comienzos de 2020, durante las marchas y movilizaciones masivas en lugares como Hong Kong, Beirut, Argel, Santiago de Chile, San Juan de Puerto Rico, Lagos, etc., a ningún partido político se le otorgó un escenario central o representación política para dirigirse a las multitudes, ni tampoco aparecieron las banderas de los partidos políticos, ni símbolos ideológicos, no se dieron discursos de políticos de partidos tradicionales.

A pesar de la intimidación y la represión desplegada por las fuerzas de seguridad (el ejército, la policía armada, las fuerzas especiales, los escuadrones de inteligencia, los matones pagados contratados como provocadores y verdugos de la violencia sin sentido), las personas se apoderan de las calles y las manifestaciones se convierten en un asunto profundamente personal y colectivo.

Las calles son el espacio territorial seguro, donde las personas aprendieron a usar su voz, a hablar de nuevo a decir y comunicar sus mensajes en función de sus propias experiencias; estudiantes que expresan sus puntos de vista sobre la educación, personas mayores que hablan y comparten sus historias sobre sus pensiones, ambientalistas que expresan su lucha sobre el ecocidio del planeta, mujeres que rechazan al patriarcado, a la discriminación y las desigualdades de género, minorías raciales, étnicas y de otro ciudadanos que luchan contra la discriminación y la humillación, la gente habla sobre salud, vivienda, problemas de transporte, dinero, tal como lo ven y lo sienten.

La ciudadanía no necesita guardianes **«ideológicos ni políticos»** para hablar o actuar en su nombre. Este es un nuevo «proceso abierto y profundo de consulta y participación inclusiva ciudadana». Es un nuevo proceso inclusivo de participación para recuperar y para dar VOZ a los que no nunca han tenido voz, de tener el acceso a tomar decisiones sobre sus familias, y comunidades. En el siglo XXI viviremos un proceso de transformación horizontal, transversal irreversible de autoorganización y autorrepresentación de la ciudadanía.

16
PARTICIPACIÓN INCLUSIVA Y DIRECTA: COCREAR UNA NUEVA VIDA

Un cambio que es importante para la ciudadanía,

solo puede ser realizado por la ciudadanía,

para la ciudadanía.

González-Carrasco, C (2020)

Históricamente los dueños del mundo abierta y secretamente despliegan todos sus recursos para ejercer el control mediático, social, financiero, económico, político, cultural, genético, neuronal y celular de la humanidad.

Escapar y rebelarse de este sistema de dominación y exclusión es uno de los desafíos más difíciles e importante que de la ciudadanía debe de llevar a cabo en el siglo XXI.

A la ciudadanía la han desempoderado para que acepten su propia esclavitud. En este contexto, emerge un nuevo e importante desarrollo, y es la aparición de un nuevo nivel de conciencia social y política. En este proceso emergente de grandes movilizaciones sociales hay dos tendencias principales: (a) son abiertas y (b) son inclusivas.

Las calles donde se movilizan la ciudadanía son espacios abiertos e inclusivos, donde los ciudadanos se sienten seguros, un espacio donde participan diversas expresiones de organizaciones socioculturales; pensionados, estudiantes, maestros, escritores, intelectuales, académicos, trabajadores de la salud, trabajadores industriales, empleados de servicios públicos, movimientos de igualdad, eco-guerreros, grupos ambientalistas, minorías étnicas, comunidades LBGT, organizaciones vecinales y religiosas, se mezclan y simpatizan con el demandas y necesidades mutuas, desarrollan empatía y comienzan a establecer contactos a través del espacio digital de las redes sociales.

La Nueva Ciencia XXI proporciona los fundamentos científicos y la visión de que todo es posible, todo es fluido, dinámico, abierto y en constante evolución. La Nueva Ciencia permite a la humanidad liberarse de los grilletes del fatalismo, la Nueva Ciencia nos dice que nosotros tenemos las llaves para abrir las todas las cerraduras de la opresión y de la esclavitud mental.

No estamos predestinados, predestinados o predeterminados por nuestra historia, por el Estado nación, por nuestros genes, por nuestros cerebros, por nuestras neuronas, por nuestras mentes, por nuestras huellas digitales de datos.

La Nueva Ciencia da a las personas, a las comunidades, las bases científicas y espirituales para que se empoderen y transformen en personas conscientes, inclusivas, abiertas a compartir y colaborar, para que todos unidos convertirnos en las dueñas y dueños de nuestro propio destino.

González-Carrasco, C (2020)

Biológicamente, nuestro sistema genético, sistema celular, sistema sanguíneo, sistema nervioso, etc., están todos permanentemente inter-intra conectados en una constelación de redes de relaciones, las cuales transfieren y conducen energía, información, conductividad, conciencia. Ellas están constante y dinámicamente integradas y entrelazadas en un profundo proceso de colaboración.

Desde adentro afuera y desde fuera adentro somos un Sistema Sapien, un sistema sabio de colaboración. La capacidad de los humanos de colaborar para obtener objetivos comunes, que de otro modo serían inaccesibles, es una de las principales acciones que como especie humana nos han ayudado a sobrevivir. La colaboración humana constituirá el principal pilar de la rehumanización en el XXI.

La capacidad de las personas para compartir y actuar, hacer cosas juntas, son las bases para transformarnos y empoderarnos y para actuar conscientemente. Esto no tiene nada que ver con los límites geográficos o territoriales, en algunos casos las mismas acciones se adoptan simultáneamente en ciudades, países y las regiones del mundo, que están «remotamente» conectadas o presentan un desarrollo histórico diferente. La transformación puede localizarse y/o globalizarse, tal es el caso de Lima, Santiago de Chile, San Juan de Puerto Rico, Nueva York, Beirut, Argel, Hong Kong, República de Irlanda, etc., lo que ocurre en una ciudad se vuelve viral y, en cuestión de segundos, minutos, horas o pocos días ya se conoce rápidamente en otro lugar, con resultados impredecibles. Este es un nuevo desarrollo de transformación sociocultural.

La inclusión significa que las personas deben participar en la solución de sus propios desafíos, esto se puede hacer creando un espacio seguro y un entorno social positivo y abierto donde las personas tengan más probabilidades de cambiar su comportamiento y ser coherentes con la solución acordada.

En el siglo XXI, se trata de desarrollar un sistema sabio, de la copropiedad de las soluciones, de colaborar y cooperar en el logro de objetivos comunes, de corresponsabilidad y de coaprendizaje.

Las soluciones desde arriba abajo para resolver problemas claves, soluciones dirigidas por políticos profesionales, técnicos y expertos que imponen intervenciones legales o técnicas estandarizadas, uniformadas históricamente han sido en gran parte las causantes de los problemas locales.

Las soluciones potenciales que puedan emerger requieren de la inclusión y de la participación de la ciudadanía, de grupos y comunidades locales.

En el siglo XXI, el tema de la inclusión significa que la ciudadanía exige una participación y representación abierta y activa en todo. Los grupos en la comunidad, a través de la auto-representación, busca soluciones sobre la igualdad, los derechos humanos, la economía, etc., deben estar a la vista de todos, y cualquier negociación debe transmitirse en vivo para que todos los ciudadanos sepan ¿Quién dice qué? ¿Qué se está negociando? ¿Cómo están negociando? La gente quiere establecer por sí misma cuál es el propósito y la intencionalidad del diálogo, de las negociaciones. Cualquiera que adopte prácticas humanas exclusivas será responsable y estará sujeto a un nuevo proceso de gobernanza, transparencia y trazabilidad.

17
CONSTELACIONES DIGITALES DE REDES SOCIALES

Las corporaciones de data global están interviniendo e interrumpiendo activamente el proceso político tradicional dirigido al perdedor a creer en la farsa democrática y seguir y aceptar tímidamente las noticias falsas, los trols, la narrativa de la polarización, la confrontación para generar divisiones, odio y miedo en la sociedad (O'Neil, C, 2017).

Esta práctica de intervención por parte de las principales superpotencias digitales continúa, en forma de ciberataques, piratería e intervención directa en los asuntos políticos, económicos, financieros, sociales e institucionales del país objeto del ataque. Los «superpropietarios de la data» tienden cada vez más a establecer un nuevo «sistema de poder de dictadura de datos» en forma de vigilancia ciudadana, dominación y control de la conciencia y del espíritu humanos.

Paralelamente a esta práctica de vigilancia ciudadana, ha surgido un nuevo fenómeno en el que la generación más joven, que es el mayor usuario de las redes sociales, comenzó a usar sus productos digitales para expresar su profundo descontento por las experiencias diarias que surgen de una situación injusta y abusiva.

Un sistema que coloca a los jóvenes en una posición de fragilidad, en un estado precariado que expone a la generación más joven a deudas individuales masivas, haciéndoles imposible de asegurar un futuro viable. La generación más joven es testigo una y otra vez más de como las élites gobernantes les quiebran sus sueños y sus aspiraciones. Como las élites gobernantes tratan a nuestros jóvenes como si fueran una mercancía desechable.

El nuevo ciudadano digital está contribuyendo a cocrear una nueva transformación humana y empoderamiento. La generación más joven es irreversiblemente una generación digitalizada y está optando por usar sus dispositivos digitales para compartir información, difundir noticias, generar interés, crear redes, establecer su propio sentido de pertenencia a redes sociales y grupos de interés colaborativo.

Las generaciones jóvenes están utilizando aplicaciones digitales para llamar a movilizarse y actuar sobre una variedad de derechos humanos y causas sociales, tales como educación, transporte, vivienda, empleo, medio ambiente, derechos sexuales y de género, para terminar con la discriminación y exclusión racial y étnica y también para apoyar a las generaciones mayores que luchan por asegurar una pensión y una vida digna durante los últimos años de sus vidas.

Las protestas de los jóvenes han sido «creativas» y para lo cual han utilizado otras formas de actuar, como el «uso intensivo de las redes sociales» para informarse, organizarse, convocar, visibilizar los reclamos y también viralizarlos en vivo y en directo. Los jóvenes y las mujeres no le tienen miedo a hablar en el espacio público, porque el espacio público no solo es la calle, sino también el espacio virtual, donde están constantemente expresándose frente a lo que ocurre e informándose por diferentes medios, compartiendo, colaborando, cooperando y autoorganizándose. Ellas y ellos no viven con los fantasmas del pasado. Esta es una generación que está logrando quitarle el estigma radical a la protesta para volverla a mostrar como un acto ciudadano.

Las élites gobernantes y las empresas que controlan los medios de comunicación utilizan abiertamente la narrativa del miedo y el odio para demonizar, despreciar y descalificar al nuevo joven ciudadano digital. WhatsApp, Twitter, Instagram, Messenger, etc., los jóvenes se convierten en el nuevo enemigo de las élites gobernantes.

Los nuevos jóvenes digitales son referidos y categorizados como superficiales, egoístas, no informados, sin educación, con más bajo nivel intelectual que la generación de su madre o padre, como el producto de una farsa cínica de la clase media, que son jóvenes acomodados que están utilizando las redes sociales para destruir la «democracia, para derribar lo existente y un orden de cosas bien establecido».

Las élites gobernantes usan la propiedad y el control de sus poderosos medios de comunicación y sus redes sociales para demonizar el levantamiento pacífico genuino de la gente y, en particular, de la generación más joven, para desacreditar, rechazar y desatender sus causas. Un sistema autodestructivo que culpa a la generación más joven por la violencia y la práctica autodestructiva de su propio sistema.

18
TODO ES POSIBLE.
NO ES EL FIN DEL MUNDO,
ES EL COMIENZO DE UNO NUEVO

El sistema económico patriarcal y dominante está basado en la militarización y control de las sociedades. El sistema económico global funciona sobre las bases de prácticas materialistas, transaccionales, utilitarias, consumistas, deterministas que fragmentan y separan la economía de la democracia, la gestión empresarial de la naturaleza separa a los ciudadanos de ciudadanos, la mente del cuerpo y el cuerpo de nuestro espíritu.

Las élites económicas son incapaces de romper su intoxicación y adición con las ganancias financieras y el poder político. Esta practicas de exclusión obligan a los ciudadanos a reenfocarse en el bienestar y la supervivencia humana. En 2008, los mercados globales colapsaron, y las ideologías del dios dinero y el fundamentalismo del mercado se han quedado sin respuesta y su narrativa mercantilista ha sido expuesta al desnudo total.

Los mercados financieros que funciona como megacasinos colapsaron y las actividades económicas pasaron del sector financiero a las cooperativas de crédito y bancos públicos. La producción de bienes y nuestras economías basadas en servicios revivieron el trueque tradicional y los sectores informales, comienzan a funcionar con monedas locales, así como numerosas transacciones no monetarias que se habían desarrollado durante el apogeo de las pandemias.

Estas políticas miopes también han impulsado el colapso social, las desigualdades, la pobreza, las enfermedades mentales y físicas, la adicción, la pérdida de confianza en las instituciones, incluidos los medios de comunicación, la academia y la vieja ciencia, como lo ha sido la pérdida de la solidaridad comunitaria en favor del individualismo salvaje.

El siglo XXI requiere una transformación de la noción, reconceptualización de las prácticas del funcionamiento de la economía, de nuestra cultura y prácticas de gestión y liderazgo empresarial. La nueva economía considera a la «humanidad» como el centro principal de las «prácticas de gestión». Tenemos el conocimiento y la tecnología para asumir estas responsabilidades.

Tenemos que hacer que la digitalización sea accesible a grandes sectores de la sociedad. Nuestro objetivo es desplegar nuestra experiencia para contribuir a la sociedad en general.

Diseñar y desarrollar tecnologías humanas con el propósito de mejorar la transformación digital y social, para ser socialmente inclusivos, socialmente justos y ecológicamente seguros.

La digitalización debe ser un proceso social inclusivo para la transformación humana y para mejorar el conocimiento y las capacidades de las organizaciones empresariales, los gobiernos nacionales, regionales y locales, así como para abordar la necesidad de digitalizar el trabajo en el área de inclusión social y garantizar el acceso a grupos excluidos como mujeres, jóvenes con menos oportunidades.

18.1. Sociedad colaborativa, compartida y de coevolución

El objetivo es la transformación sociocultural de la sociedad, desarrollar nuevas economías sistémicas, para generar las bases de una sociedad compartida, de copropiedad, de coevolución para desarrollar nuevas bases de un pensamiento multidimensional y ecosistémico en la economía, a través del transformación y empoderamiento de las personas, las comunidades y de la ciudadanía.

Las nuevas dimensiones que debemos renovar y entrelazar sistemáticamente son la gestión empresarial, la humanidad, la tecnología y nuestro planeta:

- *Transformar el marco constitucional y legal que permita la participación directa de amplios sectores de la ciudadanía de forma inclusiva.*

- *Desarrollar y humanizar una nueva cultura empresarial para el beneficio de todos y de nuestro planeta.*

- *Concientizar, democratizar y reorganizar el emprendimiento a nivel legal, institucional.*

- *Establecer una nueva visión tecnológica humana, basada la justicia social y ecológicamente segura. Una digitalización socialmente inclusiva.*

- *Transformar las practicas de liderazgo patriarcal, relacional e individual.*

- *Cambios y transformación en las organizaciones empresariales, la sociedad y el medio ambiente, diseñar y producir productos y servicios socialmente útiles.*

- *Establecer y fortalecer procesos de coelectividad, cogestión, copropiedad, de participación de la ciudadanía en la economía local, regional y nacional.*

- *Desarrollar una nueva base sociolingüística cualitativa basada en los principios de la inclusividad, cola-*

boración, cooperación, coaprendizaje, coinspiración, ecosostenible.

- *Esforzarse continuamente para alcanzar acuerdos comunes para cocrear soluciones compartidas mediante un amplio proceso de participación de las partes interesadas, teniendo en cuenta las necesidades y aspiraciones de cada individuo, grupo, comunidad y localidad.*

- *Fomentar la sostenibilidad ecológica.*

- *Fomentar la transparencia, la gobernabilidad, la gobernanza, la rendición de cuentas, la legitimidad, separación de poderes, como un proceso permanente y abierto de participación ciudadana y participación inclusiva.*

La farsa y la estafa democrática del siglo XVIII-XXI en donde los ganadores se lo llevan todo están en un proceso terminal, estamos en nuevos tiempos, está surgiendo un nuevo futuro, se está creando una nueva conciencia sociocultural transformadora.

Cansados de los abusos, los engaños y las mentiras, de la corrupción y la impunidad, cansados del odio, la criminalidad, la brutalidad, la crueldad y la violencia, la ciudadanía busca transformar la apatía y la indiferencia en conciencia social, busca trascender desde el «yo» al «nosotros», para empatizar con el «otro», de quienes sufren todos los días, y viven en perpetua desigualdad y pobreza sistémica.

La ciudadanía busca transformar la humillación en dignidad y en respeto humano, ahora es el momento de nosotros escucharnos, de empoderarnos, de transformarnos, de hablar entre nosotros, y actuar juntos y unidos.

Desarrollar nuevas experiencias de liberación humana, nuevas formas de participación de todos los sectores de la sociedad. Ya existen muchos «círculos de ondas de agua» de rehumanización en diferentes comunidades en el mundo que están desarrollando nuevos tipos de conversaciones que cuestionan el *status quo* y todas estas nuevas expresiones del pensamiento humano son parte del proceso de transformación humana.

Las personas han adquirido un mejor nivel de empoderamiento para contribuir en un nuevo proceso de participación inclusiva, ya no aceptan los formatos de representación jerárquicos tradicionales.

La nueva soberanía del pueblo, un proceso profundo de consulta ciudadana, autoorganizado, autofinanciado, autorrepresentado. Científicamente no existe tal cosa como libertad o democracia o sistemas económicos cualitativos humanos. Las élites gobernantes dicen darnos libertad y democracia, pero en cuanto a la libertad que nadie nos puede darla, tenemos que tomarla nosotros mismos. La libertad de la sociedad civil debe ser tomada por la sociedad civil.

En el siglo XXI, estamos en un intenso proceso de transición irreversible del colapso sistémico del pensamiento y las prácticas del poder patriarcal, hacia un nuevo proceso de profundas transformaciones socioculturales que buscan la calidad en la vida, en la coexistencia humana y con nuestro planeta.

González-Carrasco, C (2020)

Estamos en un proceso de un nuevo despertar de las personas, de la ciudadanía y en donde los intermediarios tradicionales, guardianes, protectores de las instituciones del Estado nación, los políticos profesionales, que dicen ser los representantes «elegidos legítimamente», ya no son creíbles, ni respetados, ellos han perdido la confianza de la ciudadanía.

Los políticos profesionales quieren controlar y reducir la narrativa a los supuestos beneficios y ganancias de corto plazo. Los políticos profesionales son elegidos cada cuatro o seis años, sin embargo, su objetivo final es asegurar la reelección y ser un político profesional de por vida. Ellos irreversiblemente han perdido la confianza y credibilidad y el pueblo no los respeta.

Esta transición se trata de la pérdida final y el desmoronamiento de la confianza de la ciudadanía, sobre las personas que representan el Estado nación, sus instituciones y sus políticos profesionales.

El siglo XXI trata sobre la transformación, el empoderamiento de las personas, de crear las condiciones para tomar su futuro en sus propias manos, para desarrollar formatos de autoorganización y establecer nuevos procesos de toma de decisiones de abajo arriba a nivel local.

Un simple ejemplo es el poder de los grupos y comunidades locales para desarrollar sus propias estrategias integrales de desarrollo eco-socio-económico local, nuevas monedas de intercambio, un sistema local monetario digital propio, nuevas empresas coelectivas, nuevas copropiedades, nuevos productos y servicios, socialmente responsables, un proceso de autotransformación que trasciende el culto al individualismo y busca el desarrollo de la solidaridad humana.

18.2. Todo es posible: podemos y lo haremos

Por más de seis mil años, la humanidad había adoptado un pensamiento y práctica patriarcal binaria deshumanizante y que en los últimos doscientos años convierte a la economía y el dinero en la única religión del vivir humano.

Un materialismo industrial ideológico fanático y obsesionado con el crecimiento económico ilimitado, de prácticas corporativas y tecnológicas abusivas y destructivas que han llevado al sistema de dominación a crisis existenciales permanentes y crecientes que amenazan la supervivencia de la humanidad.

Es posible crear una nueva vida, un nuevo mundo, crear una mejor sociedad. Es posible detener las injusticias, erradicar los niveles abismales e inaceptables de desigualdades, de pobreza, de asegurar mejores pensiones para los ancianos, llevar ante la justicia a los líderes políticos y financieros corruptos y criminales; es posible tener una educación y una salud de calidad gratuita para todos, es posible respetar a todos los seres humanos independientemente de su edad, género, raza, preferencias sexuales, creencias espirituales, religiosas o de fe. Es posible vivir sin odio y sin miedo, es posible vivir juntos en la empatía, la solidaridad y la colaboración humana, es posible ejercer nuestro derecho a vivir en paz.

Todo es posible

Es posible un nuevo despertar

Es posible comenzar un nuevo futuro

para el beneficio de toda la humanidad

para nuestro planeta

podemos y lo haremos.

BIBLIOGRAFÍA

1. Hawking, S (2020) Brief Answers to the Big Questions
2. Jones, S and Romei, V. FT https://www.ft.com/content/ab30d301-351b-4387-b212-12fed904324b
3. Capra, Fritjof, Luisi, Pier (2016) The Systems View of Life
4. Gonzalez Carrasco, CA (2017) New Science and Human Empowerment
5. Sistema Sapien, 2020: https://www.humanconductivity.com
6. Capra, Fritjof, Henderson, Hazel (2020) "Pandemic: Lessons Looking Back From 2050"
7. Quammen, D, 2020, https://elpais-com.cdn.ampproject.org/c/s/elpais.com/ciencia/2020-04-18/somos-mas-abundantes-que-cualquier-otro-gran-animal-en-algun-momento-habra-una-correccion.html?outputType=amp
8. Heckenlively Kent and Judy Mikovits Judy (2020) Plague of Corruption: Restoring Faith in the Promise of Science
9. Willis, M (2020) Plandemic, https://www.youtube.com/watch?v=j71LcFawyvs
10. Los Prisioneros (1986) El baile de los que sobran https://www.youtube.com/watch?v=_3iU07FQa5c
11. Lane, P, Merriam, D (2017) The Inner Dimensions of Climate Change: Mother Earth is not sick; we are sick! The Shift Network, Inspiring Positive Social Change
12. Attenborough, D (2020) BBC TV Extinction, https://www.youtube.com/watch?v=yB3Jnb0e028
13. Thompson, S (2019) BBC https://www.bbc.com/future/article/20190701-why-plants-survived-chernobyls-deadly-radiation
14. Barr, D (2020) https://www.dspretoria.co.za/wp-content/uploads/2020/05/We-are-not-all-in-the-same-boat.pdf
15. Hanauer, N (2014),The Pitchforks Are Coming … for us Plutocrats, https://www.politico.com/magazine/story/2014/06/the-pitchforks-are-coming-for-us-plutocrats-108014

16. Simkin, M (1992) Los Angeles Times, https://www.latimes.com/archives/la-xpm-1992-01-12-me-358-story.html

17. BBCTV Panorama FinCen Files September 2020. https://www.bbc.com/news/uk-54225572

18. Baratta, A (2020) The Great Devaluation: What Every Businessperson in America Needs to Know About the Global Monetary System, https://www.youtube.com/watch?v=NEnuWv38urI

19. Oxfam (2016) Deborah Hardoon (Deputy Head of Research, Oxfam GB), Sophia Ayele & Ricardo Fuentes-Nieva (Executive Director of Oxfam Mexico)

20. Forbes 18.03.2020. The Richest in 2020 - https://www.forbes.com/billionaires/

21. Phillips P, Tabori K (2020) Giants: The Global Power Elite

22. Cristina Jimenez M (2017) Los amos del mundo al acecho"

23. Cline, E, H (2015) 1177 B.C.: The Year Civilization Collapsed (Turning Points in Ancient History)

24. Tainter, J, (1988) The Collapse of Complex Societies

25. Denton, C (2020) The Fall of Empires: A Brief History of Imperial Collapse

26. Hedges, C (2018) America: The Farewell Tour

27. Hedges, C (2020) American Empire Collapse: It's About To Get Much Worse, https://www.youtube.com/watch?v=em2aWT2T4E0

28. Kissinger, H (2020) https://www.wsj.com/articles/the-coronavirus-pandemic-will-forever-alter-the-world-order-11585953005

29. Krugman, P (2020) Arguing with Zombies: Economics, Politics, and the Fight for a Better Future

30. Capra, Fritjof, Luisi, Pier, (2016) The Systems View of Life

31. Ionnadis, J, P.A, (2020) https://www.statnews.com/2020/03/17/a-fiasco-in-the-making-as-the-coronavirus-pandemic-takes-hold-we-are-making-decisions-without-reliable-data/

32. Piñera, S; https://www.dw.com/es/piñera-estamos-en-guerra-contra-un-enemigo-poderoso/a-50910426

33. Tainter, J (1988) The Collapse of Complex Societies

34. Gonzalez Carrasco, CA (2015) Dehumanizing Binary Machina

35. Barker, Meg, Iantaffi, Alex (2019) Life Isn't Binary: On Being Both, Beyond, and In-Between

36. Chang, A, (2005) Synchronized Thinking A Methodology For Intercultural Communication

37. Encyclopaedia Britannica (2020) https://www.britannica.com/art/deus-ex-machina

38. Still, W.T (1996) The Money Masters

39. Robins, N (2012) The Corporation That Changed the World

40. Piketty, T (2015) The Economics of Inequality

41. Pontecorvo, G (1969) Quemaida, https://www.youtube.com/watch?v=an_7OWnW6wE

42. Lessig, L (2016) Republic Lost: How Money Corrupts Congress - and a Plan to Stop It

43. Mason, P (2016) Post Capitalism: A Guide to Our Future

44. King, M (2017), The End of Alchemy: Money, Banking and the Future of the Global Economy

45. Piketty, T (2017) Capital in the Twenty-First Century

46. Reich, R (2020) https://www.theguardian.com/commentisfree/2020/mar/22/large-corporations-exploiting-coronavirus-crisis

47. Heritage Foundation (2020) https://www.heritage.org

48. Hanauer, N (2019) The dirty secret of capitalism https://www.youtube.com/watch?v=th3KE_H27bs

49. Hanauer, N (2014) Beware, fellow plutocrats, the pitchforks are coming

50. Reich, R (2020) https://www.theguardian.com/commentisfree/2020/mar/22/large-corporations-exploiting-coronavirus-crisis

51. Ghymers, C (2015) Dehumanizing Binary Machina

52. Milei, J (2020) (CEL) Javier Milei, https://www.youtube.com/watch?v=Q_JssDDWuE8

53. Shiller, R, J (2016) Irrational Exuberance, a 2013 Nobel laureate in economics

54. Taleb, NN (2014) Fooled by Randomness

55. Tooze, A (2018) Crashed: How a Decade of Financial Crises Changed the World

56. Davies, R (2020) "En Chile los mercados no funcionan para todas las personas", La Tercera 13.03.2020

57. Raymond, Gregory (1992) Salvador Allende and the peaceful road to socialism

58. O'Brien, P, Roddick, J (1983) Chile: The Pinochet Decade: The Rise & Fall of the Chicago Boys

59. Klein, Naomi, (2008) The Shock Doctrine: The Rise of Disaster Capitalism

60. Mayol, A (2016) Autopsia; ¿De qué murió la elite chilena?

61. Mayol, A (2012) El Derrumbe del modelo, La crisis de la economía de mercado en el Chile contemporáneo

62. Mayol, A (2019) The Big Bang, Estallido Social 2019. Modelo Derrumbado - Sociedad Rota - Política Inútil

63. Reuters (2019) https://www.reuters.com/article/us-chile-protests/chiles-pinera-extends-state-of-emergency-says-we-are-at-war-idUSKBN1WZ0EP

64. BBC (2019) Chile Protests: Is inequality becoming worse? https://www.bbc.com/news/world-latin-america-50123494

65. Mayol, A (2019) The Big Bang, Estallido Social 2019. Modelo Derrumbado - Sociedad Rota - Política Inútil

66. Davies, R (2020) "En Chile los mercados no funcionan para todas las personas", La Tercera 13.03.2020

67. Levitsky, S, Ziblatt, D (2019) How Democracies Die: The International Bestseller: What History Reveals About Our Future

68. Runciman, D (2019) How Democracy Ends

69. Barlett, J (2018) The People Vs Tech: How the internet is killing democracy (and how we save it)

70. US stocks fall 12% despite sweeping Fed intervention - https://www.ft.com/content/82c5c2ca-670e-11ea-800d-da70cff6e4d3

71. Varela, F (2001) La Belleza del Pensar, https://www.youtube.com/watch?v=3-VydyPdhhg&t=143s

72. Debord, G (1994) The Society of the Spectacle

73. Baudrillard, J (1994) Simulacra and Simulation

74. Baudrillard, J (2005) The System of Objects

75. Dick, PK (2003), The Three Stigmata of Palmer Eldritch

76. Snowden, E (2019) Permanent Record

77. Moya, B (2019) Data Dictatorships: The Arms Race to Hack Humankind

78. Zuboff, S (2019) The Age of Surveillance Capitalism: The Fight for a Human Future at the New Frontier of Power

79. Harari, Yuval, N (2020) https://www.ft.com/content/19d90308-6858-11ea-a3c9-1fe6fedcca75

80. Moya, B (2020) https://bmstudios.org/uk-surveillance-state/

81. https://www.theguardian.com/technology/2020/oct/06/amazon-google-facebook-apple-antitrust-hearing

82. Moya, B (2019) Data Dictatorships: The Arms Race to Hack Humankind

83. Zuboff, S (2019) The Age of Surveillance Capitalism: The Fight for a Human Future at the New Frontier of Power

84. Mason, P (2016) Post Capitalism: A Guide to Our Future

85. Dick, PK (1977) (2017) https://www.youtube.com/
watch?v=bbW6ZOmoFgY&t=520s

86. Lustig, RH (2017) The Hacking of the American Mind: The science behind the corporate takeover of The Science Behind the Corporate Takeover of Our Bodies and Brains.

87. NIH -USA (2020) https://www.drugabuse.gov/drugs-abuse/opioids/opioid-overdose-crisis

88. Valovic, T (2018) Is Artificial Intelligence Too Dehumanizing to Succeed?

89. Manzocco, R (2019) Transhumanism - Engineering the Human Condition: History, Philosophy and Current Status

90. Gonzalez-Carrasco, CA (2020) Sistema Sapien- https://www.ecuanime.com/file-share/a651f164-9876-4c5e-bd18-389de45304fa

91. https://www.youtube.com/watch?v=n1Dkd3Le-6M

92. Maturana, H, Valera, F (1978) Santiago School of Cognition), (1992) Ethical Know-How: Action, Wisdom and Cognition (1992) The Tree of Knowledge: The Biological Roots of Human Understanding

93. Bhom, D (1980) Wholeness and the Implicate Order, (1995) The Undivided Universe

94. Capra, F (2014) The Systems View of Life co-authored by Pier Luigi Luisi,

95. Lipton B (2015) The Biology of Belief: Unleashing the Power of Consciousness

96. Pelletier, K (2018) Change Your Genes, Change Your Life: Creating Optimal Health with the New Science of Epigenetics

97. Maheu, L, Macdoland, RA (2011) Challenging Genetic Determinism

98. Doidge, N (2008) The Brain That Changes Itself: Stories of Personal Triumph from the Frontiers of Brain Science

99. Merzenich, M (2013) Soft-Wired: How the New Science of Brain Plasticity Can Change Your Life (2013) Changing Brains: Applying Brain Plasticity to Advance and Recover Human Ability,

100. Costandi, M (2016) Neuroplasticity

101. Gonzalez-Carrasco, CA (2017) New Science and Human Empowerment

102. Gonzalez-Carrasco, CA (2017) New Science of Human Empowerment

103. Lipton, B (2015) The Biology of Belief: Unleashing the Power of Consciousness, Matter & Miracles

104. Plato - Aristotle Quotes on Women (2019); https://www.thoughtco.com/plato-aristotle-on-women-selected-quotes-2670553

105. Wollstonecraft, M (1792) A Vindication of the Rights of Woman

106. Giles, M (1998) Women in the Inquisition: Spain and the New World

107. Walker, B (2008), https://steemit.com/life/@quantummonks/80-90-million-wise-women-were-murdered-during-inquisition-suppression-of-the-mother

108. Bernal, M (2019), Black Athena: The Afroasiatic Roots of Classical Civilization Volume One: The Fabrication of Ancient Greece

109. Gutas, D (2014), Avicenna and the Aristotelian Tradition 2014

110. Foner, E (2015), From Slave Labor to Free Labor | The Civil War and Reconstruction, 1861-1865

111. Pontocorvo, G (1969), Quemaida, Burnt, https://www.youtube.com/watch?v=d500faQjdP0&t=64s

112. Berg, Tina-Desiree 2019, Unraveling Race: A History of Scientific Racism

113. Rutherford, A (2020), How to Argue With a Racist: History, Science, Race and Reality

114. Hill Collins, P (1990), Black Feminist Thought: Knowledge, Consciousness, and the Politics of Empowerment

115. Saini, A (2019) Superior: The Return of Race Science

116. Las Tesis (2019) Chile Women Interdisciplinary Collective

117. Nielsen, J (2004) The Myth of Leadership: Creating Leaderless Organizations

118. Carne, R (2012) The Leaderless Revolution: How Ordinary People Will Take Power and Change Politics in the 21st Century

119. Brown, N (2013) Facilitating Challenging Groups: Leaderless, Open, and Single-Session Groups

120. Artistas Chilenos - Víctor Jara, https://www.youtube.com/watch?v=nwDxpP0UiPw

121. Los Prisioneros, El Baile de Los que Sobran (1986), https://www.youtube.com/watch?v=kt0xRqt-nmc

122. Massague, I, El Hoyo (2020) https://www.netflix.com/nl-en/title/81128579

123. Mundaca, R (2014) La privatización de las aguas en Chile. Causas y Resistencias

124. Barberia, JL (2009) https://elpais.com/diario/2009/06/22/sociedad/1245621601_850215.html

125. Beck M, The Pyramid and the Pool: Why things are better than they seem - https://www.youtube.com/watch?v=Xz9IJMMWP4M&feature=youtu.be

126. Laloux, F (2014) Reinventing Organizations: A Guide to Creating Organizations Inspired by the Next Stage in Human Consciousness

127. O'Neil, C (2017) Weapons of Math Destruction: How Big Data Increases Inequality and Threatens Democracy

ÚLTIMOS TÍTULOS PUBLICADOS:

Pisando serpientes (Ricardo Celis)

El lado oscuro de la sombra y otros ladridos (José Baroja)

La tierra que la vio nacer (Jacqueline Hernández Medina)

Dios, la esencia y la verdad (Liz Huerta)

Seúl: Diario de un amor (Melina Fuenmayor Gotera)

Alas en el corazón (Cristian Moreno)

Un desvío desde la soberbia (Héctor H. Carbajal)

Antes de morir (Laura R. Bruzzese)

Todo va a estar bien (Jean Samira)

La maternidad en tiempos de coronavirus (Raquel Caspi)

Cuentos para soñar y no querer despertar (Arlis Milán)

Historia del balonpesado como deporte autóctono colombiano
(Perea hijo, Murillo, Perea padre)

De vuelta al fogón. Descubriendo el calor de hogar en pandemia
(Eslania Carrión)

Hay un lugar en el mundo (Jesús Huarhua)

El brillo de la vida (César Medina)

Encuentros con alienígenas en los Andes (Roger Idelfonso Huanca)

El reciclador (Manuel Rijalba Palacios)

Amante. amor fugaz soledad perenne (OVI)

Volver a sonreír (José Araya)

Bosque oscuro (José Hernández González)

Magnolias entre las espinas de Ayacucho (Francisco Sáenz)

TSONKIRI (Danitza Crosby)

La música como la conozco (Juan Carlos Molina)

Mis días de resiliencia (Patricia Silva)

Pablo: una vida, una mujer, una oportunidad (Arlis Milán Mosquera)

Mujeres y hombres. Libertad y éxito o sobrevivencia y reproducción
(Héctor Vera)